高等职业教育职业核心能力系列教材

投资与理财

主　编：张香芹　朱克君
副主编：张　娟　方金燕　郝士风
参　编：张雪佳

北京理工大学出版社
BEIJING INSTITUTE OF TECHNOLOGY PRESS

内容简介

《投资与理财》是昆山登云科技职业学院公共课之一，面向全院大一新生。

本教材分为上下两篇，每篇含4个专题，共8个专题。上篇为投资与理财需要了解的金融知识，分别介绍了投资理财的定义、货币时间价值、投资成本、收益、风险。下篇为常用的投资与理财工具，主要介绍储蓄、债券、保险和股票等内容。

教材内容浅显易懂，对于大一新生来说难度不大，无需学习其他前导课程。除纸质教材外，教材编写组还编写了配套的电子教学资源，以帮助学生更好地学习这门课程。

图书在版编目（CIP）数据

投资与理财／张香芹，朱克君主编．—北京：北京理工大学出版社，2020.7

ISBN 978-7-5682-8686-2

Ⅰ．①投…　Ⅱ．①张…　②朱…　Ⅲ．①投资－基本知识　Ⅳ．①F830.59

中国版本图书馆CIP数据核字（2020）第117077号

出版发行／北京理工大学出版社有限责任公司
社　　址／北京市海淀区中关村南大街5号
邮　　编／100081
电　　话／（010）68914775（总编室）
　　　　　（010）82562903（教材售后服务热线）
　　　　　（010）68948351（其他图书服务热线）
网　　址／http：//www.bitpress.com.cn
经　　销／全国各地新华书店
印　　刷／三河市天利华印刷装订有限公司
开　　本／787毫米×1092毫米　1/16
印　　张／14.25
字　　数／195千字
版　　次／2020年7月第1版　2020年7月第1次印刷
定　　价／43.00元

责任编辑／封　雪
文案编辑／毛慧佳
责任校对／刘亚男
责任印制／施胜娟

丛书编委会

序

职业能力包括三个方面，即：职业特定能力、职业通用能力和职业核心能力。

职业特定能力是指从事某种具体的职业、工种或岗位，所需对应的技能要求，主要用于学生求职时所需的一技之长。职业通用能力是一组特征和属性相同或者相近的职业群（行业）所体现出来的共性技能，主要用于积淀学生在某一行业未来发展的潜力。职业核心能力是适用于各种岗位、职业、行业，在人的职业生涯乃至日常生活中都必须具备的基本能力，是伴随人终身成长的可持续发展能力，主要用于提升学生职业发展的迁移能力。

亚马逊贝索斯经常被问到一个问题："未来十年，会有什么样的变化?"但贝索斯很少被问到"未来十年，什么是不变的?"贝索斯认为第二个问题比第一个问题更重要，因为你需要将你的战略建立在不变的事物上。

随着知识经济时代的发展，职业结构也发生相应的变化，社会财富创造的动力正由依靠体力劳动向依靠体力和脑力劳动相结合的方向转变，随着生产技术的进步，处于职业结构金字塔底端的非技术工人和中间的半技术工人的比例将严重下降，而最受欢迎的将是具备多方面能力和广泛适应性的高素质技术人员。调查显示，企业最关注的学生素养因素排名前十位依次为：工作兴趣和积极性、责任心、职业道德、承担困难和努力工作、自我激励、诚实守信、主动、奉献、守法、创造性。这些核心素养比一般人所看重的专业技能更为重要，是一个企业长足发展的内在不竭动力。

因此，职业教育中必须有“核心素养”的一席之地，来帮助传递关键能力，如应对不确定性、适应性、创造力、对话、尊重、自信、情商、责任感和系统思维。

为此，昆山登云科技职业学院在广泛调研和借鉴国内外高职教育的经验基础上，在校级层面开设四类职业核心能力课程：专业能力类、方法能力类、社会能力类、生活能力类。

◆ 专业能力

1. 统计大数据与生活

在终极的分析中，一切知识都是历史；我们现在拥有的知识都是对过去发现的事物的归纳总结以及衍生；在抽象的意义下，一切科学都是数学；所有的知识都可以归纳为对数学的推理和运算。在大数据时代下，一切都离不开数据，而所有数据都离不开统计学，在统计学作用下，大数据才能发挥出巨大威力，具有实实在在的说服力。

2. 用 Python 玩转数据

数据蕴涵价值。大数据时代，选择合适的工具进行数据分析与数据挖掘显得尤为重要。Python 语言简洁、功能强大，使得各类人员都能快速学习与应用。同时，其开源性为解决实际问题和开发提供强大支持。Python 俘获了大批的粉丝，成为数据分析与挖掘领域首选工具。

3. 向阳而生，心花自开——大学生心理健康教育

保罗·瓦勒里说：心理学的目的是让我们对自以为了然于胸的事情，有截然不同的见解。拥有“心理学”这双眼睛，才能得到小至亲密关系、大到人生意义的终极答案。进入心理学的世界，让你看见自己，读懂他人，建立积极的社会关系，活出丰盈蓬勃的人生。

4. 审美：慧眼洞见美好

吴冠中说：“现在的文盲不多了，但美盲很多。”木心说：“没有审美

力是绝症，知识也解救不了。”现在很多人缺乏的不是物质，也不是文化，而是审美。没有恰当的审美，生活暴露出最务实、最粗俗的一面，越来越追求实用化的背后，生活越来越无趣、越来越枯萎。审美力是对生活世界的深入感觉，俗话说：世界上不乏美的事物，只缺乏那双洞察一切美的眼睛。一个人审美水平的高低，在一定程度上决定了他竞争力水平，因为审美不仅代表着整体思维，也代表着细节思维。

◆ 方法能力

5. 成为 Office 专家

学习 Office，学到的不只是 Office。职场办公，需要的不仅是技能，更需要解决问题的能力。会，只是基础；用，才是乐趣。成为 Office 专家，通过研究和解决所遇到的 Office 问题，体会协作成功之乐趣。

6. 信息素养：吾将上下而求索

会搜索是一种解决问题的能力。快速、便捷地搜索全网海量信息资源，最新、最好看的电影、爱豆视频任你选；学霸养成路上的“垫脚石”，论文、笔记、大纲、前人经验大放送；购物小技能，淘宝、京东不多花你一分钱；人脉搜索的凶猛大招，优秀校友、企业精英、电竞大神带你飞；还可以来一次说走就走的旅行，等等。让我们成为一名智慧信息的使用者。

7. Learning How to Learn 学会如何学习：从认知自我到高效学习

学会如何学习是终极生存技能。为什么学？学什么？如何学？一直是学习者关注的话题。掌握正确的学习方法，是改变学习效果的关键，也是改变人生的关键。只要找到了适合自己的学习方法，学习就会变得有意思，你也会变得更有自信，你的世界也会变得更加多元……

8. 思维力训练：用框架解决问题

你能解决多高难度的问题，决定了你值多少钱。思维能力强大的人，能够随时从众人当中脱颖而出，从而源源不断地为自己创造机会。这是一套教你如何用“思维框架”快速提升能力，有套路地解决问题的课程。

◆ 社会能力

9. 职场礼仪

我国素享“礼仪之邦”的美誉，礼仪文化源远流长、博大精深。“礼”表达的是敬人的美意，“仪”是这种美意的外显，礼仪乃是“律己之规”与“敬人之道”的和谐统一。礼仪是社交之门的“金钥匙”，是人际交往的“润滑剂”，是事业成功的“法宝”。不学礼，无以立。

10. 成功走向职场——大学生的 24 项修炼

通过技能示范、角色扮演、大组和小组讨论、教学游戏、个人总结等体验式教学法，帮助青年人加强个人能力，如沟通、自信、决策和目标设定；帮助青年人发现并分析自己关于一些人生常见话题的价值观；帮助青年人形成良好的自我与社会定位，能够用符合社会认知并且理性的方式解决问题和冲突；帮助青年人构建学以致用的职场技能，提高青年的学习生活与工作效率，让自己更加接近成功。

◆ 生活能力

11. 昆曲艺术

昆曲，又名昆山腔、昆剧，是“百戏之祖”，属于“阳春白雪”的高雅艺术。昆曲诞生于元末江苏昆山千墩，盛行于明清年间，迄今已有 600 多年历史。昆曲是集文学、历史、音乐、舞蹈、美学等于一体的综合艺术。2001 年，昆曲被联合国教科文组织授予“人类口述和非物质遗产代表作”称号。

12. 投资与理财

投资理财并不只能帮助我们达到某个财务目标，它还可以帮助我们建立一种未来感，让我们把目光放得更长远，实现人生目标。本课程通过介绍投资理财的基础理论知识来武装大脑，通过介绍常见的投资理财工具来铸就投资理财利器。“内服”+“外用”，更好地弥补你和“钱”的鸿沟。

13. 大学生就业指导与创业

当你对自己的梦想产生怀疑时，生涯规划会为你点亮通往梦想的那盏明灯；当你带着梦想飞翔到陌生的职业世界，却不知如何选择职业时，科学的探索方法将成为你职业发展道路上的“魔杖”；当你在求职路上迷茫时，就业指导带给你一份新的求职心经，陪伴你在求职路上“升级打怪”；当你的目光投向创业却不知什么是创业、如何创业时，我们将为你递上一张创业名片。让我们沿着规划，一路向前，走上属于自己的职业发展之路。

14. 学生全程关怀手册

不论是课业疑惑、住宿问题、情感困扰、生活协助或就业压力，我们提供最周详的辅导、服务资讯，协助同学快速解决各类困难与疑惑。

丛书以成果导向为指导理念编写，力求将可迁移的通用能力分解为具体可操作实现的一个个阶段学习目标，相信在这些学习目标的引导下，学习者将构建形成适应当前社会经济发展需要的职业核心能力。

投资与理财

笑傲人生——由 0 到 1 000 000 的裂变

如果你不教孩子关于金钱的知识，那么将会有其他人代你来教他。如果要让银行、债主、警方甚至骗子来进行这项教育，恐怕不是个愉快的经历。

——《富爸爸》系列图书作者罗伯特·清崎

成功 = 智商 + 情商 + 财商

财商（Financial Quotient）又名金融智商，是指个人或集体认识、创造和管理财富的能力，涵盖观念、知识、行为三个层面，具体表现在两方面的能力上：一是认识财富倍增规律的能力，即世界观、价值观、思维逻辑等主观方面的能力；二是驾驭财富及应用财富的能力，即客观实践能力。

发达国家或地区高度重视财商教育：

（1）2003 年，美国将财商教育上升为一项国家战略；

（2）2008 年，英国实施《国民教育教学大纲》，将个人理财教育放在更加重要的地位上；

（3）德国、法国、加拿大、澳大利亚等发达国家及地区都把财商教育纳入国民教育体系；

（4）1992 年，中国人民银行批准成立“中国金融教育发展基金会”。银保监会、证监会积极推动金融教育进入国民教育体系；

（5）中华人民共和国教育部针对“校园贷”事件，先后多次发布或与其他金融主管部门联合发布“开展大学生金融风险教育”的相关文件。

目　录

上篇　投资与理财需要了解的金融知识

下篇 常用的投资与理财工具

上篇　投资与理财需要了解的金融知识

专题 1　投资与理财概述

挣钱，花钱，挣钱，花钱……就这样，人人都重复做这件事情，一生中面临着无数次的消费，也面临着无数次的理财。学会投资是手段，也是技能。懂得一些投资理财的基础知识，你才能一路向前，因此，应把投资理财作为人生当中的必修课。世界已经改变了，既是一个经济发达的社会，也是一个充满竞争压力的社会，一个每时每刻都存在消费支出争取收入的社会。在这个压力无限的社会中，你的收入是令人焦虑的。有的人收入过万元是分分钟的事儿，而有的人辛苦工作后的年薪也不过刚过万元。如果你是前者，那么你要学会投资与理财，进而实现财富的保值、增值；如果你是后者，那么也要学会投资与理财，争取成为前者。

投资与理财是人生中的必修课，不是遥不可及的，就在我们身边。希望这门课，可以让你拥有投资和理财的意识。

案例 1　一首歌引来的财富翻滚

2019 年之前，我们听的、唱的儿歌是：我在马路边捡到一分钱，交到警察叔叔手里边，叔叔拿着钱，对我把头点。我快乐地说了声："叔叔再见！"

2019 年之后，我们听的、唱的儿歌是：我在马路边捡到一元钱，交到警察叔叔手里边，叔叔拿着钱，对我把头点。我快乐地说了声："叔叔再见！"

当今时代，思想不仅是精神财富，还可以是物质化的有形财富。一个思想可能催生一个产业，也可能让一种经营活动发生前所未有的变化。

投资与理财中最重要的不是使用哪些技巧，而是树立正确的理念。因为树立正确的理念有利于形成正确的思维方式，选定正确的投资方向，掌握正确的投资方法。

理财的目的未必是使人成为富豪，但在力所能及的范围内帮助你避免财务困境却是完全可能的。

理财要趁早。正确的投资观、理财观不强调一夜暴富。投资与理财一定要放弃暴富思想，静水流深，不疾而速。这就意味着，若想通过理财致富，则必须在收益这个因数上，再乘以时间的系数。一个人生命有限，如果想早点享受财务自由的乐趣，那么就应当尽早学会投资与理财知识，并将其投入实践。

投资是理财的必然归宿。节流和开源是理财的绝杀技，其中，更重要的是开源。开源和节流虽然是理财的两个驱动轮，但是很明显，二者的性质和地位有本质的区别。节流是对现有资金的管理，开源则是创造更多的资金来源。把手中的钱积攒下来只是理财的一个方面，恰当地处置和利用好这笔钱并创造出新的财富，才是理财的最终目标。

1.1　投资与理财

1.1.1　理财与个人理财

案例 2　钱到用时方恨少

小王是一位刚毕业的大学生，计算机专业，在上海一家通信企业工作。月工资 8 000 元，到手 7 000 元。因为刚工作不久，要适应工作岗位，所以小王没有时间做兼职。月工资 8 000 元，听上去工资不少，结果几个月下来，小王兜里并没有剩下多少钱，而且最怕收到请柬。细细一算，小王每个月房租 2 300 元，吃饭花掉 2 000 元（偶尔还要吃泡面），每个月孝敬父母 1 200 元，偶尔陪女朋友看电影、吃饭花掉 1 000 元，再交点水电费等，7 000 元所剩无几。一旦某个月收到请柬，小王就只能多吃几桶泡面了！

小王该怎么办？应该进行投资与理财。钱少的时候应如何理财？减少不必要的开支，攒些积蓄。钱少的时候如何投资？不要贪图享受，要投资于自身，不断学习，让自己增值。坚持下去，你就会慢慢改变，精神上和物质上都变得富有。

案例 3　鸡蛋该如何安放？

随着经济的不断发展，很多百姓的腰包渐渐鼓了起来。在衣食住行等一系列基本需求得到满足之后，大家或多或少有些闲钱。有了多余的钱该怎么办？这就见仁见智了。现在，把这些多余的钱比作你拥有的一个鸡蛋，你可以有三种选择方案：

方案 1：吃了它，及时行乐，满足自己的欲望。这就相当于把钱花了，当然现时会有一些效用，但往往仅限于一时或者一次性的消费。

方案 2：将鸡蛋搁置起来，以备以后需要的时候再用，但鸡蛋在一段时间后就会变得不新鲜或者坏掉。这就相当于将钱放在家里或者存银行，由于通货膨胀，因此钱很可能会随着时间的推移而逐步贬值。

方案 3：将鸡蛋孵化为小鸡，然后小鸡再生鸡蛋，鸡蛋再孵小鸡，将来会得到很可观的收益。这就相当于将钱拿出来投资，用来购买股票、债券、房产等，然后在适当的时候卖掉，使钱不断增值。

说到这里，估计你会倾向于选择第三种方案，即牺牲现在的效用，换得未来更大的收益。实际上，采用第三种方案就是投资企划，这就是个人理财的基本功能之一。

广义的理财是指对各种资产的管理，包括货币性资产，也包括非货币性资产，前者主要包括库存现金、银行存款、其他货币资金等；后者主要包括固定资产、无形资产等。理财就是使财富在增值的同时规避风险。理财的核心是合理地分配、运作资产并使其增值。

当理财的概念拓展到社会微观层面时就产生了个人理财。个人理财是指针对个人或家庭在人生发展的不同时期，依据其收入、支出状况的变化，制定财务管理的具体方案，实现人生各个阶段的目标和理想。在整个理财规划中，不仅要考虑财富的积累，而且还要考虑财富的安全保障。

个人理财是理财的一个分支，主要是指对家庭和个人财产的管理。个人理财的核心是使家庭和个人资产分配合理化和投资收益最大化。它充分利用各种理财工具，如现金、银行存款、股票、债券、基金、期货、房产、保险等，来帮助人们实现理财目标，满足人们对财产安全性、收益性等多样化的需求。

理财有三个重要环节、一个中心和三个基本点，即以管钱为中心，以攒钱为起点、以生钱为重点、以护钱为保障。

（1）攒钱。挣一个花两个，一辈子都是穷人。每个月拿出 10% 的收入存入银行给自己做个强制储蓄，是攒钱的一种好方法。若不迈出这一步，你永远不会成为有钱人。

（2）生钱。在充分了解理财投资知识并熟悉市场的情况下，可购买基金、股票、债券、不动产，以实现财富增值。

（3）护钱。天有不测风云，谁也不知道会发生什么事，所以要给自己买保险。保险是理财的重要手段，但不是全部。

生钱就像打一口井，为你的水库源源不断地注入水源，但是光打井还不够，还要为水库修建堤坝。

此时，很多人会提出疑问，到底有了多少钱才可以开始理财？其实理财不在乎投资多少，可从少变多，从 100 元慢慢涨到 1 000 元，但理财一定要从年轻时就开始。

1.1.2　投资

投资是指一定经济主体为了获取预期收益，投入一定的资金或资源等生产要素，以形成资产，获得预期收益的一种经济活动。

投资主要包括投资主体、投资收益、投资风险、投资来源、资本形态五个基本要点。

思考题：理财 = 投资？

解析：理财与投资是两个不同的概念。从概念上说，理财是大概念，而投资是小概念，理财包含投资。

投资主体不同，投资内容就会有很大差异。普通居民家庭的投资主要包括存款，购买债券或股票，购买住宅等；企业的投资包括建造或租用生产经营场所和购置安装设备等。另外，农民购买农业工具或者修筑水渠等也属于投资；还有，建筑交通道路，铺设供排水、供电和通信网线等，也可以视为城市发展中的投资。

1.1.3 投资与理财的区别

在当今这个经济迅速发展的年代，如何区分投资与理财，显得尤为重要。

投资是将现有财物投入到一项投资人认为具有投资价值的并预期能获得增值的生产资料、固定资产、技术、特殊产品等的行为；而理财则是将现有财物运用到理财者认为最佳的使用途径上。

从概念上说，理财是大概念，而投资是小概念，理财包含投资。投资关注每笔投入产出比，属于战术层面；而理财则不止如此，既包括个人投资的回报，也包括实现个人的财务目标，如养老、旅游、教育、保险等多方面的目标，甚至是实现人生的理想。

投资是用钱赚更多的钱，而理财则是把钱合理安排以保证有更多的钱。如果说投资只是关心钱的问题，理财则既关心钱，也关注人的因素。理财着眼于整个生活，合理安排人生规划。

投资的根本目的是使财产增值，使投资者能获得较为可观的收益，具有一定的风险，受人为因素的影响较强；而理财的根本目的是使财产保值，使理财者能够尽可能地使用财产，较投资的风险小，受人为因素的影响较弱。

理财较投资更广泛，普通人一般可以学会理财，如挑选物廉价美的消费品、把钱存入银行、购买基金或保险等。会理财的人不一定会投资，而会投资的人则一定要会理财。理财是一个人应具备的基本素养。

1.2　投资与理财的种类

（1）按照主体或范围划分。按照主体或范围，可以将投资与理财分为个人或家庭理财、机构投资者理财、公司理财及国家理财。本节所讲的内容主要是针对个人理财而言，至于其他理财，则可以参照个人理财方式。

（2）按照工具（手段）划分。按照工具（手段）的不同，理财可以分为金融（含金融衍生物）理财和非金融理财。前者主要包括储蓄、债券、股票、基金、保险、外汇、期货、期权和信托等，后者主要包括黄金、房产、收藏、典当、自主创业、税务筹划等。这两种划分方式不是绝对的，比如，黄金类理财就含有属于金融理财的黄金期货；房产投资虽然属于非金融投资理财，但也包含属于金融理财的房产期权投资；自主创业依据创业的类型也不一定就单独划分为非金融理财。

理财工具（手段）是基于理财者的立场而言，对于银行、基金管理公司、证券机构等来讲，则表现为“理财产品”。换言之，同一事物，由于立场不同，功能不同，因此称谓也有所差异。

1.3　投资与理财的目的和作用

投资与理财并非全新的概念。早在我国两千多年前，孔子就说过：“君子爱财，取之有道。”这里的“有道”就是指通过正当合法的途径进行投资与理财。

钱财在事实上是制约生活质量的重要因素，但不是唯一因素。只有客观看待钱财，才能正确理解投资与理财的目的与作用。

① 投资与理财有利于平衡收支，使生活无忧。

② 投资与理财有利于减少通货膨胀对财富的侵蚀。

③ 投资与理财有利于改善生活品质。财富能让生活更加幸福和美好，良好的生活品质是建立在财富无忧的基础上的。

④ 投资与理财有利于保障财务安全。理财的最终目的是实现财务自由，若财务不安全，则肯定是不自由的。财务不安全，对于企业而言会导致经营不善甚至倒闭；对于个人而言，会没有人生自由感，没有地位。

⑤ 投资与理财有利于家庭和谐。家庭是社会的细胞，和谐家庭建设好了，不言而喻，必将有助于构建和谐社会。

总之，无论哪种投资与理财，其目的是基本一致的，即对所有资产和负债进行有效管理，达到使财富保值、增值的目的。

1.4 投资与理财的主要工具

1.4.1 商业银行的投资与理财业务

目前，商业银行的投资与理财业务按照管理运作方式不同，分为理财顾问服务和综合理财服务。

1.4.2 非银行机构的投资与理财服务

随着我国市场经济体制的确立和经济的发展（特别是金融业的发展），非银行机构的投资与理财工具越来越多。目前，非银行机构主要的投资与理财工具包括如下几种：

① 保障型：如传统保险等；

② 保本型：如储蓄等；

③ 收入型：如分红型保险、债券、基金等；

④ 投资型：如股票、房地产、万能投资保险等；

⑤ 投机型：如期货、彩票、外汇等；

⑥ 收藏型：如邮票、纪念币、古董字画等。

以上分类并不绝对，比如，投机型不一定只有期货、彩票、外汇，保本型的储蓄在银行机构也比较常见等。

西方理财专家常把各种投资工具以金字塔的形式表现出来，越接近金字塔底层，风险越低，但获利的可能性也越小；越靠近塔尖，风险越高，但获利的可能性也越大。

目前，国内普通家庭投资组合实践与理论上的合理组合存在差异，比如，保障型投资不足，而保本型投资比例配置得太高。在投资过程中，我们可以根据自己的风险偏好和承受能力，对资金进行合理分配，以使自己的财富保值增值。

1.5 投资理财的基本规划（以个人理财规划为例）

古人云："凡事预则立，不预则废"，投资与理财也不例外。若要更好地投资与理财，我们需要进行规划。在做个人理财规划之前，我们首先应了解资产配置这个概念。所谓资产配置就是对资金在各个资产之间进行合理安排的过程。资产配置方案没有最好的，只有最适合自己的。那么什么样的个人理财方法才是科学的呢？一个科学的个人理财规划方法，至少要能使投资者进可攻退可守，做好合理的资金安排，在突如其来的风险面前也能保障家庭财务的稳定，不影响正常生活，又能够不断地让钱生钱，逐步实现财务自由。表 1.1 向我们展示了个人理财资产配置比例。

表 1.1 个人理财资产配置比例

用途	比例
要花的钱	10%
保命的钱	20%
生钱的钱	30%
保本升值的钱	40%

表 1.1 把投资者的钱按用途分成了四份：要花的钱、保命的钱、生钱的钱、保本升值的钱。

（1）要花的钱。要花的钱一般为家庭或者个人 12 ～ 24 个月的生活费。这部分钱可以放在活期储蓄的银行卡里，或者放在能够随时支取的货币基金中。这部分钱可以保障我们的短期开销，比如，平时吃大餐，偶尔逛街买衣服、看电影，偶尔出去旅行一次，应急金，梦想基金（如投资自身的学习）等。

（2）保命的钱。保命的钱一般为资产的 20%。这部分钱可以保障突发大额开销，一定要专款专用。俗话说："天有不测风云，人有旦夕祸福。"这部分钱使投资者在家庭成员出现意外的情况下，手头能有足够的钱。另外，投资者还可以买保险，用以作为家庭的保护伞。

（3）生钱的钱。生钱的钱一般为资产的 30%。这部分钱为我们创造收益，用有风险的投资创造高回报。这部分的钱要有合理的占比，要赚得起也要亏得起，无论盈亏对个人资产都不能有致命性的打击。这部分的钱重在收益。可根据二八法则，采用 2∶8 的简单配置，把手中可以用于投资的闲钱分成两部分。一部分，投资股票市场，买入股票或者基金；另一部分，投资风险较低的固定收益类理财产品。其比例也不是固定不变的，可以根据股市所处的状态、每个人的年龄以及承受风险的能力进行调整。

（4）保本升值的钱。保本升值的钱一般为资产的 40%。这部分钱为保障家庭成员的养老金、子女教育金、留给子女的钱等。保本升值的钱一定要有，并需要提前准备。这部分的钱重点是保本升值，本金安全、收益稳定、持续成长，所以一定要保证本金不能损失，并要抵御通货膨胀的侵蚀。

众所周知，人的一生，从出生、幼年、少年、青年、中年直到老年，各个时期都需要用钱。具体对于个人来说，理财要应对一生六个方面的需要：第一，应对恋爱和结婚的需要；第二，应对提高生活水平的需要；第三，应对赡养父母的需要；第四，应对抚养子女的需要；第五，应对意外事故的需要；第六，应对养老的需要。人们应在不同时期选择不同的投资理财方式。

针对人生不同阶段的需求，笔者提出一些建议供读者参考：

（1）单身期。这一阶段，投资者要满足日常消费支出，抑或偿还教育贷款、租赁房屋等。此时，可以尝试进行小额投资、储蓄等。

（2）家庭与事业形成期。这一阶段，投资者事业形成，财务状况不是很稳定，投资者要减少债务，建立应急备用金，也可以购买保险，进行稳健型投资，还可以考虑储蓄、建立退休基金计划等。

（3）家庭与事业成长期。这一阶段，投资者一般需要结婚生子，通常需要购买房屋、汽车，进行子女教育投资。该阶段要进行分散投资，如购买保险、养老金安排等。

（4）退休前期。这一阶段，投资者事业有成、子女独立，要提高投资收益的稳定性，比如，养老金的安排，资产的传承，还要防患意外、疾病、破产等风险。

（5）退休期。这一阶段，投资者要保障财产安全，进行稳健理财，比如，医疗保健，遗产规划，建立信托，准备善后费用，遗产安排等。

个人理财规划非常重要，在制定个人理财规划时，投资者应遵循以下原则：

（1）提早规划；

（2）有现金保障；

（3）消费投资与收入相匹配；

（4）风险管理优于追求收益。投资者不能把所有资金投在一个项目上，而是要进行合理的投资分配。通常，组合投资的风险要低于单项投资。

思考题：

在单身期，个人理财应注重哪些方面的积累？

解析：

满足日常消费支出，偿还教育贷款，租赁房屋，尝试小额投资，储蓄等。

案例 4　1.4 万元的投资，意想不到的回报

1.4 万元听上去不是一个非常大的数目，但如果一个人从现在开始，

每年存款1.4万元，并将其投资到可靠的项目上，按每年20%的投资回报率计算，40年后将会收到本利和：1.4×（F/P，20%，40）=1.4×（1+20%）^{40}=2 057.72（万元），这可是一笔巨额的回报！

解析：即使只有非常小的投资额度，如果投资到可靠的项目上，那么也会获得非常丰厚的回报。

理财要养成两个好习惯：一是节俭。少打一次车，少做一次美容，少点一个菜，省下来的钱积攒起来去投资。节省钱、尊重钱是很多富人的习惯，如李嘉诚生活节俭大家都知道。二是记账。每天记账，或三天记一次。记账会让你清楚每一笔开销的方向，也有利于养成计划花钱的习惯。

理财有七大误区：

① 理财是有钱人的事？事实上，穷人、有钱人都能理财，只要养成理财、投资的习惯。

② 忙，没有时间理？时间就像海绵里的水，挤挤总是有的。

③ 理财就是买股票、买保险？所有钱都拿去买股票，那是赌博而不是理财。理财应进行合理规划。

④ 钱少，理财没什么效果？理财的秘密是爱惜钱、节省钱、钱生钱，坚持不懈。

⑤ 我不懂理财？不懂可以学。理财并不难，任何时候开始学都不晚。

⑥ 理财就是发财？理财和发财没有必然联系，理财是未雨绸缪，让你的财富安全稳健地增长。

⑦ 理财要从众？理财不能随大流，要个性化。

课后活动：

（1）记账。每天把你的收支状况记录下来，最好是手写，也可以利用“随手记”“挖财”等App。

（2）存钱。每天把当天支出的20%节省下来，即每天节省4~10元。可单独建个余额宝账户存起来。

以上两项活动最好每天定时做，可设定闹钟提醒或好友间相互提醒，不能间断。课程结束时会检查你的实践情况，连续坚持 21 天，你将养成一个良好的习惯。

自 学 指 导

了解理财的概念，明确理财的目的有两个：一个是保值，避免通货膨胀的损失，使钱的购买力保持不变；另一个是增值，分享社会经济发展的成果，使钱生钱。理解投资的概念，认识到投资的风险与收益永远成正比。要处理好个人的收入与支出，一方面，要增加新的收入来源；另一方面要减少不必要的开支。增加收入来源不仅包括努力工作，还要扩大个人资产的对外投资，增加个人投资收益和资本积累。节流不仅需要压缩开支，也包括合理消费，合理利用借贷消费、信用消费，建立一种现代化的个人消费观念。

本章学习的目的和要求：一是要了解投资理财相关概念；二是要理解投资与理财的必要性；三是要树立正确的投资理财观。

本章学习的重点和难点：一是投资理财工具；二是个人理财规划。

投资与理财概述专题测试

一、单选题（请为每个小题选择一个最佳答案）

1. 按照（　　）的不同，投资与理财可以分为个人或家庭理财、机构投资者理财、公司理财和国家理财。

A. 理财工具

B. 手段

C. 投资理财主体

D. 形式

2. 按照（　　）的不同，理财可以分为金融（含金融衍生物）理财和非金融理财。

A．主体

B．工具或手段

C．形式

D．内容

3．进行个人理财最早的阶段是（　　）。

A．单身期

B．家庭与事业形成期

C．家庭与事业成长期

D．退休养老期

4．万能投资保险属于（　　）理财工具。

A．储蓄型

B．投资型

C．投机型

D．收藏型

5．目前，我国普通家庭的理财分配方案与理论上的合理方案相比（　　）。

A．保障型投资金额太低而保本型投资金额太高

B．保障型投资金额太高而保本型投资金额太低

C．保障型投资和保本型投资投资金额持平

D．不确定

6．理财是以（　　）为中心的。

A．管钱

B．用钱

C．生钱

D．以上都不是

7．投资主要包括投资主体、（　　）、投资风险、投资来源、资本形态五个基本要点。

A．投资工具

B．投资收益

C．投资项目

D．投资资金

8．投资的根本目的是（　　）。

A．了解金融行情

B．学会投资

C．认识更多的金融产品

D．使自己的财产增值

9．投资的风险与收益永远成（　　）。

A．正比

B．反比

C．不成比例

D．都有可能

10．投资组合的风险要（　　）单项投资的风险。

A．低于

B．高于

C．等于

D．不确定

二、多选题（请为每个小题选择最佳答案，正确答案至少有两项）

1．投资的基本要点包括（　　）。

A．投资主体

B．投资收益

C．投资风险

D．投资来源

2．按照主体或范围，理财可以分为（　　）。

A．个人或家庭理财

B．机构投资者理财

C．公司理财

D．国家理财

3. 下列属于金融类理财的有（　　）。

A. 储蓄

B. 股票

C. 典当

D. 债券

4. 投资和理财的作用与目的（　　）。

A. 有利于平衡收支，使生活无忧

B. 有利于减少通货膨胀对财富的侵蚀

C. 有利于改善生活品质

D. 有利于保障财务安全

5. 个人理财规划的原则（　　）。

A. 提早规划

B. 有现金保障

C. 消费投资与收入相匹配

D. 风险管理优于追求收益

6. 投资者可以把钱按用途进行分类，分别是（　　）。

A. 要花的钱

B. 保命的钱

C. 生钱的钱

D. 保本升值的钱

7. 理财要养成（　　）两个好习惯。

A. 记账

B. 节俭

C. 所有钱都存起来

D. 有钱随便花

8. 家庭与事业成长期应做好哪些理财准备？（　　）

A. 子女教育投资

B. 分散投资

C. 养老金

D．保险

9．广义的理财是指对各种资本的管理，包括（　　）。

A．银行存款

B．库存现金

C．其他货币资金

D．固定资产

10．理财有三个重要环节、一个中心、三个基本点，具体是指（　　）。

A．以管钱为中心

B．攒钱为起点

C．生钱为重点

D．护钱为保障

三、判断题（判断正误，正确的选项请打√，不正确的选项请打×）

1．孔子说过："君子爱财，取之有道。"这里的"有道"就是要通过正当合法的途径进行投资理财。（　　）

2．钱财在事实上是制约生活质量的重要因素，也是唯一因素。（　　）

3．投资理财的目的是通过对所有资产和负债的有效管理，使其达到保值、增值的目的。（　　）

4．商业银行的投资理财业务按照管理运作方式不同，分为理财顾问服务和综合理财服务。（　　）

5．各种投资工具以金字塔的形式表现出来，越接近金字塔底层的风险越低，但获利能力也越小；越靠近塔尖，风险越高，但获利的可能性也越大。（　　）

6．平时不需要考虑理财，在自己有足够多的积累的时候才需要做理财规划。（　　）

7．单身期时理财只需要考虑满足日常消费支出、租赁房屋等，储蓄之类的暂时不用考虑。（　　）

8. 养成记账的好习惯，会让你清楚每一笔开销，也有利于养成计划花钱的习惯。（　　）

9. 理财是有钱人的事，没钱的人不需要去做理财规划。（　　）

10. 理财就是购买别人说的好的股票或者保险。（　　）

四、简答题（简要回答下列问题）

1. 简述投资的基本要素。

2. 简述理财的三个环节。

3. 理财的核心是什么？

4. 非银行机构的投资理财工具有哪些？（请列出至少 6 种）

专题 2　投资成本
——巧妇难为无米之炊

案例 1　老王 VS 小李

老王他爹给了他 5 亿元，他赚了 40 亿元，翻了 8 倍；而小李他爹给了他 2 元，他买了一副手套，然后去了工地，搬了一天砖，赚了 180 元，翻了 90 倍。从投资回报率来看，小李比老王有更高的投资回报率，但是，从投资收益绝对数来看，老王赚了 40 亿元，而小李赚了 180 元，一点儿也不具备可比性。

由此可以看出，投资不只需要赚钱的能力，还需要足够的启动资金。

谈到投资理财，我们首先想到就是收益，但作为完整的投资行为，收益只是其结果。它还包括其他很多方面，并且，当我们过分在意收益时，就会陷入收益的甜蜜陷阱，而局限自己的眼光，看不到理财行为中的其他因素，如风险、流动性等。

本专题要讲的是一个重要却易被忽视的要素——成本。在理财的路上，我们要认识并理解以下几个概念：会计成本、机会成本、沉没成本、边际成本及杠杆。

2.1　会 计 成 本

会计成本是指企业在经营过程中所实际发生的一切成本，包括工资、利息、土地和房屋的租金、原材料费用、折旧等。

会计成本是会计记录在公司账册上的客观的和有形的支出，包括生产、销售过程中发生的原料、动力、工资、租金、广告、利息等支出。按照我国现行财务制度，总成本费用由生产成本、管理费用、财务费用和销售费用组成。

（1）生产成本。生产成本是生产单位为生产产品或提供劳务而发生的各项生产费用，包括直接支出和制造费用。直接支出包括直接材料（原材料、辅助材料、备品备件、燃料及动力等）、直接工资（生产人员的工资、补贴）、其他直接支出（如福利费）；制造费用是指企业内的分厂、车间为组织和管理生产所发生的各项费用，包括分厂、车间管理人员工资，折旧费，维修费，修理费及其他制造费用（办公费、差旅费、劳保费等）。

（2）管理费用。管理费用是指企业行政管理部门为管理和组织经营而发生的各项费用，包括管理人员工资和福利费、公司一级折旧费、修理费、技术转让费、无形资产和递延资产摊销费及其他管理费用（办公费、差旅费、劳保费、土地使用税等）。

（3）财务费用。财务费用是指为筹集资金而发生的各项费用，包括生产经营期间发生的利息净支出及其财务费用（汇兑净损失、银行手续费等）。

（4）销售费用。

销售费用是指为销售产品和提供劳务而发生的各项费用，包括销售部门人员工资、职工福利费、运输费及其他销售费用（广告费、办公费、差旅费）。

管理费用、财务费用和销售费用统称期间费用，直接计入当期损益中。

【计算题】

甲公司为制造业企业，为一般纳税人。2009 年，为生产产品发生成本支出 200 000 元，为管理和组织经营而发生管理费用 20 000 元，为筹集资金而发生的财务费用 2 000 元，为销售产品而发生销售费用 4 000 元。请问甲公司 2009 年的会计成本是多少？

解析：甲公司 2009 年的会计成本 =200 000+20 000+2 000+4 000=226 000 元。

【思考题】

所有的成本都可以通过会计成本反映出来吗?

解析：会计成本并不反映所有的成本，仅反映了显性成本。

会计成本是显性成本，可以用货币计量，是可以在会计的账目上反映出来的。除会计成本之外，还有一种隐性成本。隐性成本与显性成本有很大区别。一般来说，隐性成本不能直接从账面上反映，因此难以精确计量。如机会成本就属于隐性成本。

2.2　机 会 成 本

2.2.1　机会成本的内涵

西方经济学家认为，经济学主要研究经济社会如何对稀缺的经济资源进行合理配置的问题。从经济资源的稀缺性这一前提出发，当一个社会或一个企业用一定的经济资源生产一定数量的一种或几种产品时，这些经济资源就不能同时被使用在其他的生产用途方面，即，这个社会或这个企业所获得的一定数量的产品收入，是以放弃用同样的经济资源来生产其他产品时所能获得的收入作为代价的。由此，便产生了机会成本的概念。

机会成本（Opportunity Cost）是指企业为从事某项经营活动而放弃另一项经营活动的机会，或利用一定资源获得某种收入时所放弃的另一种收入。简单来说，机会成本就是为了得到某种东西而必须放弃其他东西的最大价值。

机会成本对商业公司来说，是利用一定的时间或资源生产一种商品时失去的利用这些资源生产其他最佳替代品的机会。

在生活中，有些机会成本可用货币来衡量。例如，农民在获得更多土地时，如果选择养猪，那么就不能选择养鸡，养猪的机会成本就是放弃养鸡的收益，但机会成本往往无法用货币衡量。

机会成本与资金成本同为确定基准收益率的基础。

机会成本是经济学原理中的一个重要概念。在国家经济计划中，在新投资项目的可行性研究中，在新产品开发中，乃至个人选择工作时，都存在机会成本问题。它为正确合理的选择提供了逻辑严谨、论据有力的答案。在进行选择时，力求机会成本小一些，是经济活动行为方式的最重要准则。例如，当某厂商决定利用自己所拥有的经济资源生产一辆汽车时，就意味着该厂商不可能再利用相同的经济资源来生产 200 辆自行车。可以说，生产一辆汽车的机会成本是放弃生产的 200 辆自行车。如果用货币数量来代替对实物商品数量的表述，假定 200 辆自行车的价值为 10 万元，则可以说，一辆汽车的机会成本是价值为 10 万元的其他商品。

2.2.2 机会成本的特点

（1）机会是可选择的项目。机会成本所指的机会必须是决策者可选择的项目，若不是决策者可选择的项目，便不属于决策者的机会。例如，某农民只会养猪和养鸡，那么养牛就不会是某农民的机会。

（2）机会成本是放弃的最高收益。机会成本不是放弃项目的收益总和，而是放弃的机会中收益最高的项目。例如，某农民只能在养猪、养鸡和养牛中择一从事，若三者的收益关系为养牛 > 养猪 > 养鸡，则养猪和养鸡的机会成本皆为养牛，而养牛的机会成本仅为养猪。

（3）机会成本源于资源的稀缺。在稀缺性的世界中选择一种东西，就意味着放弃其他东西。一项选择的机会成本，也就是所放弃的物品或劳务的价值。

2.2.3 机会成本与会计成本的区别

机会成本与会计成本是两个不同的概念。会计成本有五种计量方式，即历史成本、重置成本、可变现净值、现值及公允价值。通常情况下采用历史成本计量方式，即实际支付的货币成本。机会成本可能等于会计成本，也可能不等于会计成本。在完全竞争的条件下，机会成本等于会计成本；在商品（或生产要素）供应不足、实行配给的条件下，机会成本高于会计成本；在商品积压或要素闲置的条件下，机会成本低于会计成本，甚至为零。通常，在机会成本与会计成本不等（更多的是在机会成本高于会计成本的）情况下，使用机会成本的概念。

【例 1】

农民在获得更多土地时，如果选择养猪就不能选择养鸡或养鸭，养猪的机会成本就是放弃养鸡或养鸭等的收益。假设养猪可以获得 9 万元，养鸡可以获得 7 万元，养鸭可以获得 8 万元，那么养猪的机会成本是 8 万元，养鸡的机会成本为 9 万元，养鸭的机会成本也为 9 万元。

【例 2】

在图书馆看书、学习还是享受电视剧带来的快乐？在图书馆看书、学习的机会成本是少于享受电视剧带来的快乐，享受电视剧的机会成本是失去了在图书馆看书、学习所得到的知识。

【例 3】

假若某人拥有一所房子，那么这个人选择自住的机会成本就是把房子租给他人所能获得的收入。

对每个人来说，选项越多放弃的成本也越大，因为只能做单项选择，所以，当选择投资什么项目的时候，被放弃的东西才最能考验一个人的智慧。这是投资理财的必经之路，毕竟你不可能同时把全部本金投到两个或更多的项目中。

2.2.4 机会成本的产生

机会成本是由选择产生的——一种经济资源往往具有多样用途，若选择了一种用途，则必然要丧失另一种用途，后者可能带来的最大收益就成了前者的机会成本。假设有一笔资金，可以把它存进银行，也可以把它投入企业运营。假设选择的是把它投入运营中，那么这笔资金储存的银行利息就是把资金投入企业运营的机会成本。又如，某企业有一笔闲置资金，如果用来购买设备，则当年可盈利 70 000 元；也可存入银行，每年得到利息 50 000 元，那么这 50 000 元即为购买设备的机会成本。同理，若将这笔资金存入银行，则就会损失因购买设备可获得的利润 70 000 元，70 000 元即为存入银行的机会成本。很显然，决策者会选择机会成本小的方案，即将这笔钱用来购买设备，年获利 70 000 元。

机会成本，对于投资者来说，就是指将资金进行某种形式的投资所获得的收益相对于其放弃的另一种形式投资所获得的收益。

机会成本的存在需要满足如下两个条件。

（1）所使用的资源具有多种用途。机会成本本质上是对不能利用的机会所付出的成本，因为企业选择了这种用途，就必然丧失其他用途所能带来的收益。如果资源的使用方式是单一的，那么就谈不上各个机会的利益比较。只有当资源具有多用性的时候，企业才需要考虑机会成本，这是考虑机会成本的一个前提条件。

（2）把可能获得的最大收入视为机会成本。考虑机会成本时并不是考虑任何一个使用方式，而是考虑可能获得最大收入的使用方式。

2.2.5 机会成本与投资决策

在现实中，很多企业在购进某种生产要素时，这种要素的市场价格较低，一段时间后价格上扬。这个时候是按照原来的生产计划再加工这种要素，还是直接出售这种要素呢？如果选择前者，那么直接销售所可能获得的收益就是再加工的机会成本。机会成本和经济利润都可以用来衡量一项决策的经济利益。经济利润能够区别于会计利润，就在于它考虑了机会成本。管理者必须考虑机会成本和经济利润这两个概念。作为决策分析中经常使用的一个特定概念，机会成本是指在决策分析过程中，从多个供选方案中选取最优方案而放弃次优方案，从而放弃了次优方案所能取得的利益而成为损失的方案。这种由于放弃次优方案而损失的潜在利益就是选取最优方案的机会成本。

机会成本虽然不构成一般意义上的成本，不构成企业的实际支出，也不入账，但它是决策者进行正确决策所必须考虑的现实因素。若忽视了机会成本分析，则有可能造成投资决策的失误。

案例 2　谈谈挂科重修的机会成本

“机会成本”中的成本内涵丰富，可以指为获取某种东西所必须放弃的所有东西，如金钱、时间、物品、体验等。为了更好地认识机会成本，我们一起来看看同学李某挂科重修的故事。

和大部分同学一样，李某也是一位“60 分万岁”的积极拥护者，但不巧的是，英语考试时没有那么幸运，李某考了 55 分。意料之中，李某接到教务处的重修通知。英语这门课 4 学分、64 学时，每周安排 4 学时，周二、周四晚上上课，要上 16 周。假设每学时 45 分钟，也就意味着李某一共要学习 2 880 分钟，也就是 48 小时。李某长叹一口气，然后开始计算他的损失。如果不重修，李某可以去快餐店兼职，兼职工资为每小时 18 元。因为重修，李某心情也不好了，每天睡不好觉，假设每个好觉值 30 元，16 周的好觉值 3 360 元。另外，再加上丧失掉的兼职工资 864 元，李某挂科重修的机会成本一共就是 4 224 元。

计算过程如下：

$$64 \times 45/60 \times 18+16 \times 7 \times 30=4\,224（元）$$

以上仅仅考虑了丧失的兼职工资和睡好觉的成本。要知道如果不挂科，李某的大学生活可是很丰富的，如享受看电影的美好，比如体验和同学们去玩耍的快乐……如果把李某因为重修而丧失的所有机会成本考虑进来，他的挂科重修成本还要增加很多。

接下来，李某不敢再旷课了，害怕万一重修不过，又要参加毕业补考，如果那样，李某挂科重修的机会成本又要翻倍。

劝君莫挂科啊！

【思考题】

某企业有一笔闲置资金，如果用来购买设备，那么当年可盈利 70 000

元；也可以存入银行，每年得到利息 50 000 元，那么，企业主是否应将这笔钱用来购买设备？

解析：企业主应该将这笔钱用来购买设备，因为购买设备的机会成本是 50 000 元，而存入银行的机会成本是 70 000 元。在做出选择时，应该选择最高价值的选项（机会成本最低的选项），而放弃选择机会成本最高的选项，即失去越少越明智。

【计算题】

投资者王某可以选择股票和储蓄存款两种投资方式。他于 1999 年 9 月 1 日用 10 000 元购进某种股票，经过一年的操作，到 2000 年 9 月 1 日，投资股票的净收益为 450 元。如果当时他将这 10 000 元存入银行，一年期定期储蓄存款的年利率为 2.25%，扣除利息税，则有 180 元的实际利息净收益。

（1）王某投资股票的机会成本是多少？

（2）如果考虑机会成本，王某投资股票的实际收益是多少？

（3）如果到 2000 年 9 月 1 日，王某投资股票获得的净收益为 150 元。再考虑机会成本，王某投资股票的实际收益是多少？

解析：

（1）180 元，即被放弃的将 10 000 元存入银行取得的税后利息收益 180 元；

（2）270 元，即 450–180=270 元；

（3）–30 元，即 150–180=–30 元。

2.3 沉没成本

2.3.1 沉没成本的内涵

沉没成本是指以往发生的，但与当前决策无关的费用。从决策的角度看，以往发生的费用只是造成当前状态的某个因素，当前决策所要考虑的是未来可能发生的费用及所带来的收益，而不考虑以往发生的费用。

在经济学和商业决策制定过程中会用到沉没成本，代指已经付出且不可收回的成本。沉没成本常用来和可变成本作比较，可变成本可以被改变，而沉没成本则不能被改变。

沉没成本是一种历史成本，对现有决策而言是不可控成本，会在很大程度上影响人们的行为方式与决策。从这个意义上说，在投资决策时应排除沉没成本的干扰。对企业来说，沉没成本是企业在以前经营活动中已经支付现金，而经营期间摊入成本费用的支出。固定资产、无形资产、递延资产等，均属于企业的沉没成本。

从成本的可追溯性来说，沉没成本可以是直接成本，也可能是间接成本。如果沉没成本可追溯到个别产品或部门，则属于直接成本；如果由几个产品或部门共同引起，则属于间接成本。

从成本的形态看，沉没成本可以是固定成本，也可能是变动成本。企业在撤销某个部门或停止某种产品生产时，沉没成本中通常既包括机器设备等固定成本，也包括原材料、零部件等变动成本。通常情况下，固定成本比变动成本更容易沉没。

从数量角度看，沉没成本可以是整体成本，也可以是部分成本。例如，中途弃用的机器设备，如果能变卖，获得部分价值，那么其账面价值不会全部沉没，只有变现价值低于账面价值的部分才是沉没成本。

一般说来，资产的流动性、通用性、兼容性越强，其沉没的部分就越少。“现金为王”的观念也可以从这个角度去理解。固定资产、研究开发、专用性资产等都是容易沉没的，分工和专业化也往往与一定的沉没成本相对应。此外，资产的沉没性也具有时间性，会随着时间的推移而不断转化。以具有一定通用性的固定资产为例，在尚未使用或折旧期限之后弃用，可能只有很少一部分会成为沉没成本，而中途弃用则沉没的程度较高。

在经济学和商业决策过程中会用到沉没成本的概念，代指已经付出且不可收回的成本。沉没成本常用来和可变成本作比较，可变成本可以被改变，而沉没成本则不能被改变。在微观经济学理论中，决策时仅需要考虑可变成本，如果同时考虑到沉没成本，那么结论就不是纯粹基于事物的价值做出的。

大多数经济学家认为，如果人是理性的，那就不该在决策时考虑沉没成本。在谈到沉没成本时，美国学者罗纳博·W.希尔顿在其为MBA（工商管理硕士）编著的《管理会计》教材中指出，准确的成本计算在企业决策过程中具有重要的参考作用，是判断方案是否可行的重要原则之一。

2001年诺贝尔经济学奖得主约瑟夫·斯蒂格利茨教授说，普通人常常不计算机会成本，而经济学家则往往忽略沉没成本，这是一种睿智的选择。他在《经济学》一书中说："如果一项开支已经付出并且不管做出何种选择都不能收回，一个理性的人就会忽略它。这类支出称为沉没成本。"

放下不再能产生价值的工作，放弃不再能创造收入的投资，不要留恋曾经的付出，因为它们已经沉没，已经不可回收，甚至不能被所获价值抵消。不要让过去的拥有绑架我们的未来，财富升值的过程即是选择与放弃的过程。

2.3.2 沉没成本与投资决策

对于沉没成本，投资者在做出投资决策时应该忽略。例如，投资者买到一只原本看好的基金，但是拿在手中迟迟不见涨价，甚至有亏损。这时，投资者应该把基金卖掉，还是拿在手里等着涨价？部分投资者会等着涨价，他们认为钱投出去了，而且金额不少，一定要等到涨价再卖，不然的话，这笔投资就没有意义。实际上，这个问题不难回答，投资者也不必纠结。要卖还是继续拿在手中，最好的方式是自问：如果手中没有这只股票或基金，或者另外有一笔钱，你还会买它吗？如果答案是否定的，那么最好卖了它，不能仅因为已经被套住，为了心理账户上所谓的摊低成本，就做出错上加错的决定。对于一只股票或基金，如果它已经让你亏损太多，且短期内基本没有改善迹象，与其盲目补仓，不如快刀斩乱麻，接受“沉没成本”，重新选择标的，开始一段新的投资体验。当然，如果答案是肯定的，那么投资者应该继续持有，以待涨价。

沉没成本的计算公式为：

沉没成本＝设备账面价值－当前市场价值

＝（设备原可能价值－历年折旧费）－当前市场价值

【思考题】

假设现在你已经花 40 元买了电影票，并对这场电影是否值 40 元表示怀疑。看了半小时后，你的怀疑被证实了：这电影简直是场灾难。你应该离开电影院吗？

解析：在进行这一决策时，你应该忽视这 40 元。这 40 元是沉没成本，不管是去是留，钱都已经花了。很多人会强迫自己看一场原先根本不想看的电影，因为怕浪费了买电影票的钱，这被称为“沉没成本谬误”。经济学家会认为这样的行为“不理智”，因为类似行为基于毫不相关的信息来作决定，错误地分配了资源。

2.4 边 际 成 本

在经济学和金融学中，边际成本是指每多生产一个产品给总成本带来的增量。这个概念表明，每一单位的产品成本与总产品量有关。比如，仅生产 1 辆汽车的成本是极其巨大的，而生产第 101 辆汽车的成本就低得多，而生产第 10 000 辆汽车的成本就更低了，这就是边际成本递减。规模越大，人们需要投入的精力越少，收入越高。这时，所有的新增收入等于净利润。考虑到机会成本，随着生产量的增加，机会成本也可能会增加。还是这个例子，生产新的一辆车时，所用的材料可能有更好的用处，所以要尽量用最少的材料生产出最多的车，这样才能提高边际收益。

投资与理财领域也是一样。你要思考自己投入的每一分钱能产生多少收益，还有，这些收益是可持续的还是短期的。随着成本（投资本金）

的增加，就会导致边际成本与机会成本的纠缠问题，即同样的本金究竟是放在眼下投资的领域更盈利，还是换到其他地方更赚钱。

这几种成本深刻地、潜移默化地影响着每个人的理财活动，所以每个人都要思考：现在做的事情，有没有被过往的经历束缚，又会对未来产生持续什么样的影响？

【思考题】

人们经常听说某公司员工超负荷工作，这种高强度的工作压力从经济学上怎么分析呢？

解析：高强度的工作，从规模经济上提高了员工的生产力，让每个员工每小时尽可能多地生产商品。这样，边际成本就会越来越低。

2.5 杠　杆

古希腊科学家阿基米德有一句流传千古的名言：“给我一个支点，我就能撬动地球！”杠杆原理不仅在生活中随处可见，在投资理财过程中也被灵活运用。

虽然巧妇难为无米之炊，但是并不意味着巧妇不可为无米之炊。简单来讲，巧妇可以借邻居家一碗米做一顿饭，吃饱后，有了革命的本钱，赚回两碗甚至更多，然后还给邻居一碗米，自己还剩下一些米。投资与理财也一样，当自有资金不足时，可以通过借贷等杠杆去投资大项目。

案例3　神奇的跷跷板

一日，小熊弟弟和一些小动物正在森林公园一起玩跷跷板。

它们很快发现了一个很重要的问题：小熊弟弟是最重的，只要坐在一边，另一边的小动物就会马上“升入空中”，怎么也下不去；假如小熊弟弟此时离开跷跷板，那么对面的小动物一定会摔得屁滚尿流。

几次下来，再也没小动物再敢与小熊弟弟玩跷跷板了。

小熊弟弟很无奈，去找了小猴哥哥，因为他听说小猴哥哥最近喜欢改装和发明东西，所以，它准备让小猴哥哥给他制作一个跷跷板。

“你带我去森林公园看看吧。”小猴哥哥听了小熊弟弟的来由后，对它说。它们一块走到了森林公园，不过一路上小猴哥哥一直在沉思什么。“啊！我终于明白了！”小猴哥哥望着眼前的跷跷板，忽然想到了刚学到的杠杆，立刻恍然大悟。小猴哥哥对小熊弟弟说：“你去请一个森林木匠过来，好吗？”“嗯！”一个小时后，森林公园里就多了一个跷跷板，不过——这个跷跷板和别的不同，它是专门为小熊准备的，一端短，而另一端则相对长。“为什么要设计成这样呢？”小熊弟弟疑惑道。小猴哥哥笑着说：“你一会儿就明白了，你先和我试试吧。”小熊弟弟坐上了短的那一端，小猴坐在了对面，两人开开心心地玩起跷跷板。

“小猴哥哥，谢谢你！今天我玩得很开心，不过，你可以告诉我，为什么大家可以在这个跷跷板上和我玩吗？”小熊弟弟疑惑地问道。“这其实很简单，跷跷板就是杠杆的一中，支撑跷跷板的一点就是杠杆的支点，你们坐的地方就是用力点和阻力点，你看这个跷跷板，”小猴哥哥指着原先的那个跷跷板，说：“用力点到支点之间的距离和阻力点到支点之间的距离相等了，它就是个不费力也不省力的杠杆，只有体重接近的才能在一块玩。因为你的体重太重，所以森林里没有和你体重相符的，所以这种跷跷板不适合你。”

“然而，你看这个，”小猴哥哥又指了指新造的跷跷板，“这个跷跷板，对于对面的人来说，就是一种省力杠杆，所以你们就可以在一起玩了。”

如果借钱的数量是那根棍子，那么利率就是支点，两个套加一起就会变成杠杆工具。杠杆广泛存在于各行各业中，金融行业更甚。我们在不知不觉间就成为杠杆的使用者，只是倍数不同而已。

本金越少，借贷越多，杠杆的力量就越强，同时，利率这个支点的反噬作用也会越强。加上杠杆之后，就会存在一个临界点，这个临界点就是贷款后的收益和利息的比较。如果收益大于利息，则这个杠杆可以源源不断地加下去；然而，只要跌破这个临界点，则会像雪崩一样，一层层被碾压，最后玉石俱焚。

所以在金融行业，国家政策对于杠杆的控制和监管比较严格。那么究竟该如何利用好投资杠杆这把双刃剑呢？关键在于做好风险控制。以炒股为例，资深的股民在炒股的时候都会设置一个止损点，当股价波动低于这个点的时候，就马上平仓。

在生活中，一个最常见的杠杆投资例子当属贷款买房。假设一套房子的总价格为100万元，一个人想买这套房子，但是他手上又没有这么多钱，通常的办法就是首付30万元，然后去银行贷款70万元。这里，他以30万元撬动银行70万元就利用到了投资杠杆。

银行为什么敢放心把钱借给别人呢？如果选择贷款买房的话，贷款时是要有质押物的，这个质押物就是房产证，即，房子买下来后，银行会索要房产证。在房贷还清之前，房产证都是由银行保管。这样，无论以后房价是涨还是跌，银行都不怕，而且你还要定时把利息还给银行，对于银行而言也是收入。

有杠杆的市场，就一定会有泡沫；有泡沫的地方，资产才能上涨。所以很多时候，风险控制就是控制杠杆的倍数。杠杆控制在什么样的比例下，资产才会与泡沫共舞。这个问题也许永远不会有标准答案。

【思考题】

你在生活中运用过杠杆吗？说一说你在生活中见到的杠杆。

解析：前一个问题根据实际情况回答即可。生活中运用杠杆的地方很多，如贷款买房、买车、投资等。

案例4　巴菲特的杠杆

巴菲特告诫大家说，不要使用杠杆，但是巴菲特自己对杠杆的使用是比较多的。初期，在还没有致富的时候，他就和一些亲戚朋友、街坊邻居，成立过很多有限合伙企业，去做投资。赚钱以后，他不但赚自己那部分，还从其他合伙人那里抽取佣金。此时，巴菲特就是在使用投资杠杆，并不自己承担全部风险，而把对应的风险转嫁到合伙人身上。另外一个就是他后期收购一堆保险和再保险公司，利用保险浮存金去投资。这个其实也是使用杠杆，把风险转移到投保人的身上。

普通人也可以使用杠杆，用占总成本6%的钱去投一个年收益10%的项目，这种逻辑是没有问题的，如果这个项目的风险相对可控，那么就可以玩得转。杠杆只是放大了净资产收益率的波动，也没什么特别神秘的地方。

自学指导

成本是投资与理财活动中的一个非常重要的因素。为了更好地学习与领会成本的概念，人们需要学习它的相关概念：会计成本、机会成本、沉没成本、边际成本及杠杆。会计成本是指企业在经营过程中所实际发生的一切成本，是会计记录在公司账册上的客观的和有形的支出，包括生产、销售过程中发生的原料、动力、工资、租金、广告、利息等。会计成本属于显性成本，可以用货币计量，而机会成本则不同，属于隐性成本。在投资决策过程中，我们不能忽视隐性成本，然而，与机会成本相反，我们在进行投资决策时，要忽视沉没成本。沉没成本是指以往发生的，但与当前决策无关的费用。从决策的角度看，以往发生的费用只是造成当前状态的某个因素，当前决策需要考虑的是未来可能发生的费用及所带来的收益，而不需要考虑以往发生的费用。在投资过程中，还需要考虑边际成本，追求投资的规模经济。最后，在投资过程中，还可以巧妙利用杠杆，取得更好的收益。

本章学习的目的和要求：一是要识记和理解成本的几个相关概念——会计成本、机会成本、边际成本、沉没成本和杠杆；二是可以运用相关原理进行最优投资决策。

本章学习的重点和难点：机会成本的计量；边际成本的计量；杠杆的巧妙运用。

投资成本专题测试

一、单选题（请为每个小题选择一个最佳答案）

1. 下列关于会计成本的说法中，不正确的是（　　）。

A. 会计成本是指企业在经营过程中所实际发生的一切成本

B. 会计成本包括的内容很多，如工资、利息、土地和房屋的租金、原材料费用、折旧等

C. 会计成本是生产成本

D. 会计成本是会计记录在公司账册上的客观的和有形的支出

2. 下列关于管理费用的说法中，正确的是（　　）。

A. 管理费用是指企业行政管理部门为管理和组织经营而发生的各项费用

B. 管理费用是指管理人员工资

C. 管理费用是指管理人员福利费

D. 管理费用是指公司一级折旧费

3. 销售费用是指（　　）。

A. 为销售产品和提供劳务而发生的各项费用

B. 销售部门人员工资

C. 销售部门人员福利

D. 运输费

4. 下列几种说法中，不正确的是（　　）。

A. 会计成本是显性成本

B. 会计成本可以用货币计量

C. 会计成本不可以用货币计量

D. 隐性成本可以直接从账面上反映出来

5. 下列关于机会成本的说法中，不正确的是（　　）。

A. 机会成本是显性成本

B．机会成本是隐性成本

C．一般来说，机会成本不能直接从账面上反映出来，因此也就难以精确计量

D．简单地说，机会成本就是为了得到某种东西而必须放弃其他东西的最大价值

6．投资者王某可以选择债券投资和储蓄存款两种投资方式。他于 1999 年 9 月 1 日用 20 000 元购进某种债券，经过一年的操作，到 2000 年 9 月 1 日，投资债券的净收益为 1 500 元。如果当时他将这 20 000 元存入银行，那么一年期定期储蓄存款的利息净收益为 500。下列说法正确的是（　　）。

A．王某投资债券的机会成本为 500 元

B．王某投资债券的机会成本为 1 000 元

C．王某储蓄投资的机会成本为 500 元

D．王某储蓄投资的机会成本为 1 000 元

7．下列关于沉没成本与投资决策的描述中，不正确的是（　　）。

A．沉没成本，是指以往发生的，但与当前决策无关

B．沉没成本不能被改变

C．沉没成本可以是直接成本，也可能是间接成本

D．沉没成本会影响投资决策

8．边际成本是指（　　）。

A．边际成本是指每多生产一个产品，给总成本带来的减量

B．边际成本就是机会成本

C．边际成本就是会计成本

D．在经济学和金融学中，边际成本指的是每一单位新增生产的产品（或者购买的产品）带来的总成本的增量

9．人们经常会听说某公司员工超负荷工作，下列关于这种现象的分析中，正确的是（　　）。

A．高强度的工作，从规模经济上提高员工的生产力，让每个员工每小时尽可能多生产商品，这样边际成本就会越来越低

B．这样做没有任何科学依据

C．高强度的工作从规模经济上降低员工的生产力，从而使边际成本越来越低

D．这种现象与边际成本无关

10．下列关于杠杆与泡沫的关系中，说法不正确的是（　　）。

A．有杠杆的市场，就一定会有泡沫

B．有泡沫的地方，资产才能上涨

C．杠杆与泡沫无关

D．使用杠杆的过程中，要注意风险

二、多选题（请为每个小题选择最佳答案，正确答案至少有两项）

1．下列关于机会成本的描述，正确的有（　　）。

A．“机会成本”的机会是可选择的项目

B．机会成本是放弃的最高收益

C．机会成本源于资源的稀缺

D．机会成本是放弃项目的收益总和

2．下列关于机会成本与会计成本的区别，正确的有（　　）。

A．机会成本与会计成本是两个不同的概念

B．会计成本计量有五种计量方式，即历史成本、重置成本、可变现净值、现值及公允价值

C．机会成本可能等于会计成本，也可能不等于会计成本

D．在完全竞争的条件下，机会成本等于会计成本

3．某位农民有一块菜地，如果选择种白菜就不能选择种植其他农作物，种白菜的机会成本就是放弃种植其他农作物的最大收益。假设种白菜可以获得 8 万元，种生菜可以获得 6 万元，种茄子可以获得 7 万元。下列选项中，正确的有（　　）。

A．种白菜的机会成本为 7 万元

B．种生菜的机会成本为 8 万元

C．种茄子的机会成本为 8 万元

D．种茄子的机会成本为 6 万元

4．机会成本的存在，需要满足的条件有（　　）。

A．所使用的资源具有多种用途

B．把可能获得的最大收入视为机会成本

C．所使用的资源具有单一用途

D．把可能获得的最小收入视为机会成本

5．下列关于杠杆的说法中，正确的有（　　）。

A．杠杆广泛的存在于各行各业，金融行业更甚

B．本金越少，借的越多，杠杆的力量就会越强

C．对于杠杆的使用，越多越好

D．使用杠杆过程中，要注意风险

6．下列关于沉没成本的说法，正确的有（　　）。

A．沉没成本，是指以往发生的，但与当前决策无关的费用

B．从决策的角度看，以往发生的费用只是造成当前状态的某个因素，当前决策所需要考虑的是未来可能发生的费用及所带来的收益，而不需要考虑以往发生的费用

C．沉没成本常用来和可变成本作比较，可变成本可以被改变，而沉没成本则不能被改变

D．沉没成本可以被改变

7．投资者王某可以选择股票和储蓄存款两种投资方式。他于 1999 年 9 月 1 日用 10 000 元购进某种股票，经过一年的操作，到 2000 年 9 月 1 日，股票投资的净收益为 500 元。如果当时他将这 10 000 元存入银行，一年期定期储蓄存款的年利率为 2.5%，若扣除利息税，则有 200 元的实际利息净收益。下列说法不正确的有（　　）。

A．王某投资股票的机会成本为 200 元

B．王某投资股票的机会成本为 250 元

C．王某投资股票的机会成本为 500 元

D．王某投资股票的机会成本为 450 元

8．下列关于机会成本与投资决策的说法中，正确的有（　　）。

A．决策分析中经常要考虑机会成本

B. 决策分析中不用考虑机会成本

C. 放弃次优方案而损失的潜在利益就是选取最优方案的机会成本

D. 忽视了机会成本分析，有可能使投资决策发生失误

9. 下列选项中，(　　)是会计成本的计量方式。

A. 历史成本

B. 重置成本

C. 可变现净值

D. 现值

10. 下列选项中，(　　)是生产成本中的直接支出。

A. 直接材料

B. 直接工资

C. 其他直接支出

D. 制造费用

三、判断题（判断正误，正确的选项请打√，不正确的选项请打×）

1. 机会成本虽然不构成一般意义上的成本，不构成企业的实际支出，也不入账，但它是决策者进行正确决策所必须考虑的现实的因素。(　　)

2. 机会成本不会对投资决策产生影响。(　　)

3. 沉没成本是指以往发生的，但与当前决策无关的费用。(　　)

4. 重置成本是会计成本的计量方式之一。(　　)

5. 杠杆广泛存在于各行各业，金融行业更甚。(　　)

6. 会计成本不可以用货币计量。(　　)

7. 会计成本包括的内容很多，如工资、利息、土地和房屋的租金、原材料费用、折旧等。(　　)

8. 机会成本是指放弃的最高收益。(　　)

9. 投资过程中对于杠杆的使用越多越好。(　　)

10. 沉没成本可以被改变。(　　)

四、简答题（简要回答下列问题）

1. 什么是会计成本？会计成本具体包括哪些内容？

2. 什么是机会成本？机会成本有哪些特点？

3. 什么是沉没成本？在进行投资决策时，是否应该考虑沉没成本？

4. 什么是边际成本？边际成本与规模经济有什么关系？

5. 什么是杠杆？生活中有哪些人在使用杠杆？

五、计算题（完成下列各题的计算，需要计算的，请写出计算过程）

1．某企业有一笔闲置资金，如果用来购买设备，那么当年可盈利100 000元；如果存入银行，那么可以得到利息60 000元。企业购买设备的机会成本是多少？将钱存入银行的机会成本是多少？企业主是否应将这笔钱用来购买设备？

2．某企业2018年第一季度共发生以下支出：工资支出100 000元，利息支出6 000元，办公楼租金支出8 000元，设备折旧支出4 000元。请计算该企业2018年第一季度的会计成本。

3．某企业2019年1月1日向工商银行借款200 000元，年利率为4%，借款期限为3年。请计算该企业2019年第一季度的财务费用。

专题 3　货币时间价值
——今天的 100 元与明天的 100 元不等值

案例 1　拿破仑的“玫瑰花承诺”

1797 年 3 月，拿破仑在卢森堡第一国立小学演讲时说了这样一番话：“为了答谢贵校对我，尤其是对我夫人约瑟芬的盛情款待，我不仅今天呈上一束玫瑰花，并且在未来的日子里，只要我们法兰西存在一天，每年的今天我将亲自派人送给贵校一束价值相等的玫瑰花，作为法兰西与卢森堡友谊的象征。”

1984 年年底，卢森堡旧事重提，向法国提出违背“赠送玫瑰花”诺言案的索赔：要么从 1797 年起，用 3 路易作为一束玫瑰花的本金，以 5 厘复利计息，清偿这笔“玫瑰案”；要么法国政府在法国各大报刊上公开承认拿破仑是个言而无信的小人。

起初，法国政府准备不惜重金以保住拿破仑的声誉，但却被电脑算出的数字惊呆了：原本 3 路易的许诺，本息竟高达 1 375 596 法郎。经过苦思冥想，法国政府斟词酌句的答复是：“以后，无论在精神上还是物质上，法国将始终不渝地对卢森堡大公国的中小学教育事业予以支持与赞助，来兑现我们的拿破仑将军那一诺千金的玫瑰花信誉。”

3.1　货币时间价值的内涵

货币时间价值是指一定量货币在不同时点上的价值量差额。货币的时间价值来源于货币进入社会再生产过程后的价值增值。通常情况下，它是指没有风险也没有通货膨胀情况下的社会平均利润率，是利润平均化规律发生作用的结果。

通常，当前持有一定量的货币比未来获得等量的货币具有更强的购买力。因为当前的货币可以通过生产或投资活动产生比当前数量更大的货币，所以同等数量下，当前的货币要比未来获得的等量的货币具有更强的购买力。如果要将某一单位货币不在当前消费而选择在未来进行消费，那么在从当今到未来发生消费的一段时间里，消费者应该获得额外的货币或者货币等价物，作为延迟当前消费的“贴水”。

【思考题】

如果将钱存入银行，你希望银行采用单利计息模式支付利息，还是希望银行采用复利计息模式支付利息?

解析：希望是复利。简单的说，与单利计息模式相比，复利计息模式下的利息收入会多一些。

3.2 货币时间价值的表现形式

利息是货币时间价值具体的表现。具体地说，当前的利率水平代表着当前时间点货币时间价值的价格。

费雪将利息定义为“现时消费与将来消费之间的选择”，而利率则是“现时消费与将来消费进行交换的价格”。根据费雪的理论，货币的时间价值（即利息）将永远是正数，这是由两个原因导致的。第一是时间偏好，也被称为人性不耐。人在认识上具有一定的局限性，相比于未来的事物，对眼前的事物感知能力要强得多，因此，人性是急于享受的，更倾向于在当下消费而胜过在未来消费。利息可视为对于放弃当下消费的一种补偿，是对放弃当下享受所支付的对价。第二是投资机会。货币是一种稀缺资源，在一定时间内能带来收入。通过各种不同的投资方式，货币能带来不同的收入。这体现了货币的时间价值。纯利息由以上两部分组成，而市场利息则是在纯利息的基础上加上风险、不确定性、通货膨胀率等因素而组成的。

目前，利息的具体计算方式有两种：单利和复利。

3.3　单　　利

单利是按照固定的本金计算利息的一种计息方式，是指一笔资金无论存期多长，只有本金计取利息，而以前各期利息在下一个利息周期内不计算利息的计息方法。假设存入银行本金 100 元，年利率 2%，期限 3 年。用单利的计算方式，3 年后本利和为：

$$100+3\times100\times2\%=100\times(1+3\times2\%)=106（元）$$

单利计息方式下，100 元货币，其 3 年的时间价值为 6 元。单利计算方式下的本利和计算如图 3.1 所示。

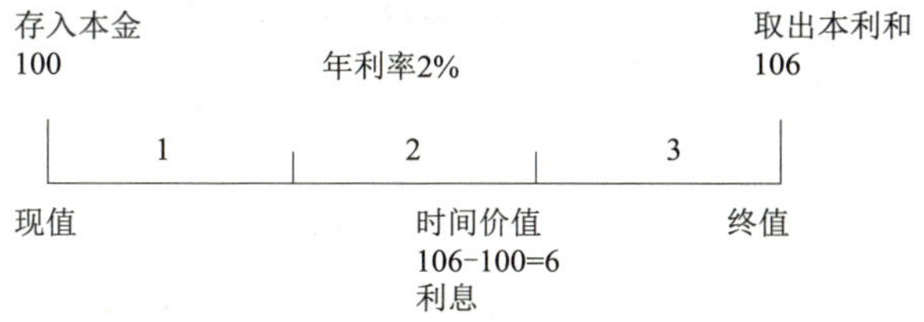

图 3.1　单利计息方式下的本利和计算

【思考题】

单利计息方式下，利息收入的高低取决于哪些因素？

解析： 本金、利息、存款利率。

3.4　复　　利

复利是指一笔资金除本金产生利息外，在下一个计息周期内，以前各计息周期内产生的利息也计算利息的计息方法。根据经济人假设，人们都是理性的，会用赚取的收益进行再投资，企业的资金使用也是如此，因此，财务估值中一般都按照复利方式计算货币的时间价值。

根据货币具有时间价值的理论，可以将某一时点的货币价值金额折算为其他时点的价值金额。为了便于理解，下文将介绍不同时点货币价值折算会用到的两个概念——终值和现值。终值又称将来值，是现在一定量的货币折算到未来某一时点所对应的金额；现值是指未来某一时点上一定量的货币折算到现在所对应的金额。现值和终值的差额即为货币的时间价值。

现实生活中计算利息时所称本金、本利和的概念相当于货币时间价值理论中的现值和终值，利率可视为货币时间价值的一种具体表现。

为方便计算，假定有关字母符号的含义如下：I 为利息；F 为终值；P 为现值；i 为年利率（折现率）；n 为计算利息的期数。

1. 复利终值

复利终值如图 3.2 所示。

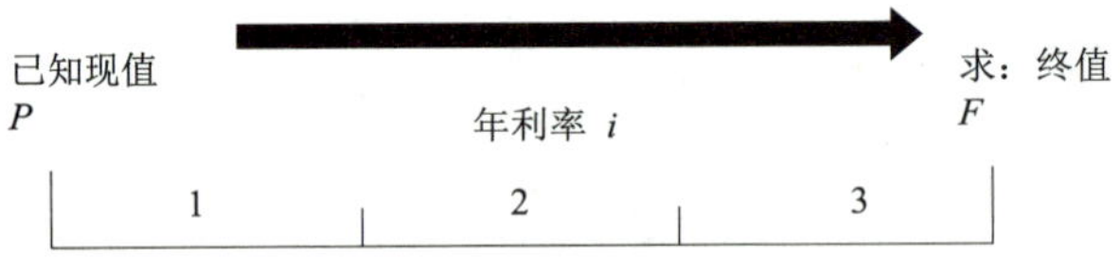

图 3.2　复利终值

复利终值是指一定量的货币，按复利计算的若干期后的本利总和，其计算公式为：

$$F=P(1+i)^n$$

式中，$(1+i)^n$ 为复利终值系数，记作 $(F/P, i, n)$；n 为计算利息的期数。复利终值系数表可得复利终值系数。

假设存入银行本金 100 元，年利率 2%，期限 3 年。在复利计息方式下，3 年后本利和的计算如下：

① 第一年本利和。

$$100\times(1+2\%)=102\text{（元）}$$

② 第二年本利和。

$$100\times(1+2\%)(1+2\%)=100\times(1+2\%)^2=104.04\text{（元）}$$

③ 第三年本利和。

$$100\times(1+2\%)^3=106.12（元）$$

复利计算方式下，100 元货币，其 3 年的时间价值为 6.12 元，如图 3.3 所示。

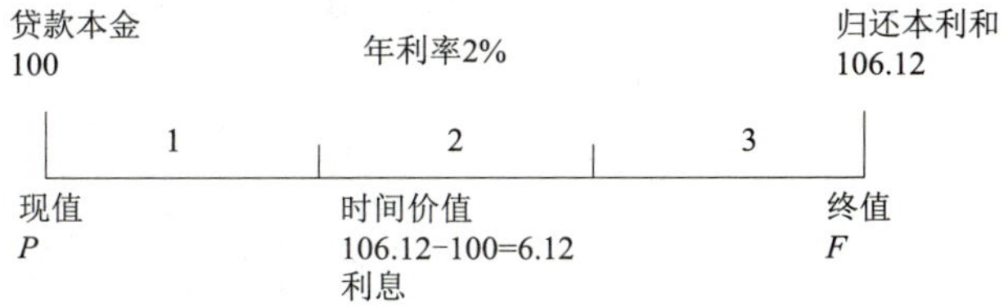

图 3.3 复利计息方式下的本利和计算

复利计息方式下，复利终值会受到存款期限、利息水平、利息支付频率的影响。

【计算题】

某人当前存入金额 8 203.44 元，在年利率 2% 的情况下，10 年后能从银行取出多少金额。已知（F/P，2%，10）=1.219。

$$F=P\times(F/P,2\%,10)=8\,203.44\times1.219=9\,999.99（元）$$

承上，其他条件不变，如果当期存入 10 000 元，则

$$F=P\times(F/P,2\%,10)=10\,000)\times1.219=12\,190（元）$$

2. 复利现值

复利计息方式下的现值计算如图 3.4 所示。

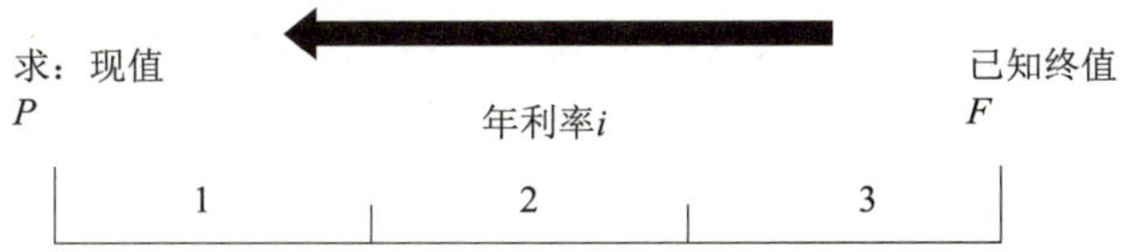

图 3.4 复利计息方式下的现值计算

复利现值是指未来某期的一定量货币，按复利计算的现在价值。

$P=F/(1+i)^n$ 中，$1/(1+i)^n$ 为复利现值系数，记作（P/F，i，n）。查询复利现值系数表可知复利现值系数。

$$P=F\times(P/F,i,n)$$

复利终值 $F=P(1+i)^n$ 和复利现值 $P=F/(1+i)^n$ 互为逆运算；（F/P，i，n）=$(1+i)^n$ 与（P/F，i，n）=$1/(1+i)^n$ 互为倒数。

【计算题】

某人为了 10 年后能从银行取出 10 000 元，在年利率 2% 的情况下，当前应存入的金额为多少？已知（P/F，2%，10）=0.820 3。

$$P=F\times(P/F,\ 2\%,\ 10)=10\ 000\times 0.820\ 3=8\ 203\text{（元）}$$

案例 2　国王下棋

一个爱下象棋的国王棋艺高超，从未遇到过敌手。为了找到对手，他下了一份诏书，说不管是谁，只要下棋赢了国王，国王就会答应他任意一个要求。

一个年轻人来到皇宫，要求与国王下棋。紧张激战后，年轻人赢了国王。国王问这个年轻人要什么奖赏，年轻人号称他只要一点小奖赏，就是在他们下棋的棋盘上放麦子，棋盘的第一个格子中放上一粒麦子，第二个格子中放入前一个格子数量一倍的麦子，接下来每一个格子放的麦子数都是前一个格子数量的一倍，一直将棋盘每一个格子都摆满。

国王没有仔细思考，以为要求很小，于是欣然同意了，但很快他就发现，即使将国库所有的粮食都给年轻人，也不够总数量百分之一。因为从表面上看，这个要求的起点十分低，从一粒麦子开始，但是年轻人要求的是 100% 的复利，经过很多次的翻倍，就迅速变成天文数字。假如 1 千克麦子约 4 万粒，若换算成吨，约等于 4 611 亿吨，而我国 2010 年粮食年产量为 5.4 亿吨，4 611 亿吨相当于我国 853 年的粮食总产量。棋盘摆放麦子总数计算见表 3.1。

表 3.1　棋盘摆放麦子总数计算

格子数	所放麦子数	格子数	所放麦子数
1	1	7	64
2	2	8	128
3	4	9	256
4	8	10	512
5	16	11	1 024
6	32	12	2 048

续表

格子数	所放麦子数	格子数	所放麦子数
13	4 096	39	274 877 906 944
14	8 192	40	549 755 813 888
15	16 384	41	1 099 511 627 776
16	32 768	42	2 199 023 255 552
17	65 536	43	4 398 046 511 104
18	131 072	44	8 796 093 022 208
19	262 144	45	17 592 186 044 416
20	524 288	46	35 184 372 088 832
21	1 048 576	47	70 368 744 177 664
22	2 097 152	48	140 737 488 355 328
23	4 194 304	49	281 474 976 710 656
24	8 388 608	50	562 949 953 421 312
25	16 777 216	51	1 125 899 906 842 620
26	33 554 432	52	2 251 799 813 685 250
27	67 108 864	53	4 503 599 627 370 500
28	134 217 728	54	9 007 199 254 740 990
29	268 435 456	55	18 014 398 509 482 000
30	536 870 912	56	36 028 797 018 964 000
31	1 073 741 824	57	72 057 594 037 927 900
32	2 147 483 648	58	144 115 188 075 856 000
33	4 294 967 296	59	288 230 376 151 712 000
34	8 589 934 592	60	576 460 752 303 423 000
35	17 179 869 184	61	1 152 921 504 606 850 000
36	34 359 738 368	62	2 305 843 009 213 690 000
37	68 719 476 736	63	4 611 686 018 427 390 000
38	137 438 953 472	64	9 223 372 036 854 780 000
总共麦子数			18 446 744 073 709 600 000

【故事分析】

年轻人的要求看似很小，其实很大，因为他要求的是利率为 100% 的复利。复利计算方式下，格子里的未数会急剧增加，很快就会从 1 粒上升至天文数字。

【思考题】

某人当前存入银行 10 000 元，在年利率 2% 的情况下，10 年后能从银行取出多少本息？已知（*F*/*P*，2%，10）=1.219。

解析：

10 年后取出的本息 =10 000 ×（*F*/*P*，2%，10）
=10 000 × 1.219=12 190（元）

自 学 指 导

货币时间价值是指一定量货币在不同时点上的价值量差额，源于货币进入社会再生产过程后的价值增值。利息是货币时间价值的具体表现，一般来说，当前的利率水平就代表着当前时间点货币时间价值的价格。利息的具体计算方式有两种，分别是单利计息方式和复利计息方式。单利计息方式下，一笔资金无论存期多长，只有本金计取利息，而以前各期利息在下一个利息周期内不计算利息。复利计息方式下，除本金产生利息外，在下一个计息周期内，以前各计息周期内产生的利息也计算利息的计息。可以借助于复利终值系数表和复利现值系数表查找出相应的系数，然后快速地计算复利终值和复利现值。

本章学习的目的和要求：一是要识记和理解货币时间价值的几个相关概念——货币时间价值、单利、复利、复利终值和复利现值；二是可以计算不同计息方式下的本利和。

本章学习的重点和难点：复利；复利终值；复利现值。

货币时间价值专题测试

一、单选题（请为每个小题选择一个最佳答案）

1. 下列关于货币时间价值的说法中，不正确的是（　　）。

A. 货币时间价值是指一定量货币在不同时点上的价值量差额

B. 货币的时间价值来源于货币进入社会再生产过程后的价值增值

C. 通常情况下，货币是指没有风险也没有通货膨胀情况下的社会平均利润率

D. 货币是指没有通货膨胀情况下的社会最高利润率

2. 张某存入银行本金 100 元，年利率 2%，期限 3 年。单利计息方式下，3 年后本利和为（　　）元。

A. 100

B. 106

C. 106.12

D. 102

3. 以下关于（*F*/*P*，5%，6）的说法，不正确的是（　　）。

A.（*F*/*P*，5%，6）是复利终值系数

B. 利率为 5%

C. 存款期限为 6 年

D.（*F*/*P*，5%，6）是复利现值系数

4. 张某存入银行本金 100 元，年利率 2%，期限 3 年。复利计息方式下，3 年后本利和为（　　）元。

A. 100

B. 106

C. 106.12

D. 102

5. 某人当前存入银行 8 203.44 元，在年利率 2% 的情况下，10 年后

能从银行取出（　　）元。已知（F/P，2%，10）=1.219。

A. 9 999.99

B. 8 203.44

C. 9 844.13

D. 8 367.51

6. 赵某将 30 000 元存入银行，复利计息，存款期限 6 年，利率 6%，已知（F/P，6%，6）=1.419。6 年后，赵某将得到本利和（　　）元。

A. 32 570

B. 40 800

C. 30 800

D. 42 570

7. 下列关于复利的说法，不正确的是（　　）。

A. 复利计息方式下，只有本金产生利息

B. 复利计息方式下，利息也会产生利息

C. 复利计息方式下，在下一个计息周期内，以前各计息周期内产生的利息也计算利息

D. 财务估值中一般都按照复利方式计算货币的时间价值

8. 下列关于终值的说法，不正确的是（　　）。

A. 终值又称将来值

B. 终值是未来某一时点一定量的货币折算到现在时点所对应的金额

C. 复利终值指一定量的货币，按复利计算的若干期后的本利总和

D. 现实生活中计算利息时所称本金、本利和的概念相当于货币时间价值理论中的现值和终值

9. 复利终值系数（F/P，i，n）的大小，不会受到（　　）的影响。

A. 利率

B. 本金

C. 支付利息的频率

D. 存款期限

10. 下列关于符号（P/F，7%，8）的说法，不正确的是（　　）。

A.（P/F，7%，8）为复利终值系数

B．P 为现值

C．7% 为利率（折现率）

D．8 为计算利息的期数

二、多选题（请为每个小题选择最佳答案，正确答案至少有两项）

1．复利终值的影响因素有（　　）。

A．本金

B．利率

C．存款期限

D．风险

2．以下关于复利的说法中，正确的有（　　）。

A．复利计息方式下，在下一个计息周期内，以前各计息周期内产生的利息也计算利息

B．财务估值中一般都按照复利方式计算货币的时间价值

C．复利也称为利滚利

D．复利计息方式下，在下一个计息周期内，以前各计息周期内产生的利息不计算利息

3．下列说法中，正确的有（　　）。

A．复利现值是指未来某期的一定量的货币，按复利计算的现在价值

B．复利现值系数，记作（P/F，i，n）

C．复利现值的计算公式为 $P=F\times$（P/F，i，n）

D．复利终值 $F=P(1+i)^n$ 和复利现值 $P=F/(1+i)^n$ 互为逆运算

4．下列关于复利终值和现值的说法中，正确的有（　　）。

A．终值又称将来值，是现在一定量的货币折算到未来某一时点所对应的金额

B．现值是指未来某一时点上一定量的货币折算到现在所对应的金额

C．现值和终值其差额即为货币的时间价值

D．现实生活中计算利息时所称本金、本利和的概念相当于货币时

间价值理论中的现值和终值

5. 下列关于利息的说法中，正确的有（　　）。

A. 利息是货币时间价值具体的表现

B. 一般来说，当前的利率水平就代表着当前时间点货币时间价值的价格

C. 利息可视为是对于人们放弃当下消费的一种补偿，是对放弃当下享受所支付的对价

D. 单利是利息唯一的计算方式

6. 下列关于符号（F/P，i，n）的说法中，正确的有（　　）。

A.（F/P，i，n）为复利终值系数

B. F 为终值

C. i 为利率（折现率）

D. n 为计算利息的期数

7. 下列关于符号（P/F，i，n）的说法中，正确的有（　　）。

A.（P/F，i，n）为复利终值系数

B. P 为现值

C. i 为利率（折现率）

D. n 为计算利息的期数

8. 下列关于复利现值、复利终值二者的关系中，说法正确的有（　　）。

A. 复利现值 = 复利终值 × 复利现值系数

B. 复利终值与复利现值互为逆运算

C. 复利现值与复利终值二者之间没有任何关系

D. 复利现值系数与复利终值系数互为倒数

9. 某人想 10 年后能从银行取出 10 000 元，已知年利率为 2% 的情况，（P/F，2%，10）=0.8 203。下列说法中，正确的有（　　）。

A. 当前应当存入 8 203 元

B. F 为 10 000 元

C. 利率为 2%

D．计息期为 10 年

10．某人当前存入银行 8 203.44 元，已知年利率为 2%（F/P，2%，10）=1.219。下列说法中，正确的有（　　）。

A．10 年后，某人可以从银行取出 9 999.99 元

B．P 为 8 203.44 元

C．利率为 2%

D．计息期为 10 年

三、判断题（判断正误，正确的选项请打√，不正确的选项请打 ×）

1．复利现值系数与复利终值系数互为倒数。（　　）

2．复利现值与复利终值二者没有任何关系。（　　）

3．单利计息方式下，本金和受到本金、利率和存款期限的影响。（　　）

4．财务估值中一般都按照单利方式计算货币的时间价值。（　　）

5．利息是货币时间价值具体的表现。（　　）

6．复利计息方式下，在下一个计息周期内，以前各计息周期内产生的利息不计算利息。（　　）

7．通常情况下，货币时间价值是指没有风险也没有通货膨胀的情况下的社会平均利润率。（　　）

8．（P/F，i，n）为复利终值系数。（　　）

9．复利也称利滚利。（　　）

10．（F/P，i，n）为复利现值系数。（　　）

四、简答题（简要回答下列问题）

1．什么是货币时间价值？其表现形式是什么？

2．什么是单利？

3．什么是复利？

4．什么是复利终值？什么是复利现值？二者有何联系？

五、计算题（完成下列各题的计算，需要计算的，请写出计算过程）

1．李某于2019年1月1日存入银行10 000元，期限3年，利率为8%，单利计息。请计算李某2021年12月31日可以获得的本利和。

2．李某于 2019 年 1 月 1 日存入银行 10 000 元，期限 3 年，利率为 8%，复利计息。请计算李某 2021 年 12 月 31 日可以获得的本利和。

3．赵某当前存入银行 30 000 元，在年利率 2% 的情况下，10 年后能从银行取出多少金额？已知（*F*/*P*，2%，10）=1.219。

4．王某为了 10 年后能从银行取出 50 000 元，在年利率 2% 的情况下，当前应存入多少金额？已知（*P*/*F*，2%，10）=0.820 3。

专题 4　收益与风险
——形影不离的孪生兄弟

4.1　收益与风险的内涵

在投资过程中，一旦不能客观地对待风险和收益，就会过度相信自己持有的产品一定会带来好的回报，也就容易上当受骗，因此，要知道投资与理财兼有风险和收益，并且需要客观地看待它们。

4.1.1　收益及收益率

（1）收益。收益是指投资者在一定的时期内投资于某项资产所得到的报酬（或损失）。

一项投资的收益主要来自两个方面：经营盈利和资本利得。

经营盈利是指生产经营的利润（或损失），对于证券投资来说是指分得的红利或得到的利息。资本利得是指出售投资资产所获得的收入和投资成本之间的差额，即从投资资产本身价格上升中得到的收益或在价格下降中产生的损失。例如，股票的收益可以用下式计算：

股票投资收益 = 红利 + 出售利得 = 每股红利 × 持有股数 +（出售价格 − 投资成本）× 出售股数

投资过程中，一般不把所有资本投入一个项目，而是进行组合投资。如果进行组合投资，那么投资组合收益就是各项目收益的加权平均收益。

【计算题】

某企业有甲、乙两个投资项目，计划投资额均为 100 万元，其收益的概率分布如表 4.1 所示。

表 4.1　甲、乙项目投资收益概率分布

市场状况	概率	甲项目净收益 / 万元	乙项目净收益 / 万元
好	0.1	30	40
一般	0.7	20	30
差	0.2	10	0

要求：（1）分别计算甲、乙两项目的预期收益。

（2）评价两个项目的优劣。

解析：（1）甲项目的预期收益 =30×0.1+20×0.7+10×0.2=19（万元）

乙项目的预期收益 =40×0.1+30×0.7+0×0.2=25（万元）

（2）乙项目优于甲项目。

（2）收益率。收益率是指投资的回报率。股票收益率就是指股票投资的回报率，可以通过股票投资的收益与股票投资成本之比来计算，习惯上以百分比来表示。出于不同的研究目的，收益率可以分为很多种，具体来说有实际收益率、名义收益率、预期收益率、必要收益率、无风险收益率、风险收益率等。

① 实际收益率。股利（或利息）收益率与资本利得收益率的和，就是实际收益率。

② 名义收益率。名义收益率是指在有关票面上或者合同中约定的收益率，如银行借款合同中规定的利率，债券票面上规定的票面利率。

③ 预期收益率。预期收益率也称期望投资收益率，是在未来收益不确定的情况下，按估计的各种可能收益率水平及其发生的概率计算的加权平均数。

④ 必要收益率。必要收益率表示投资者对某项资产合理要求的最低收益率。

⑤ 无风险收益率。无风险收益率由纯粹利率（资金的时间价值）和

通货膨胀补偿率两部分组成。其计算公式为：

无风险收益率 = 资金时间价值（纯利率）+ 通货膨胀补偿率。

⑥ 风险收益率。风险收益率是指由投资者承担风险而额外要求的风险补偿率。风险收益率的大小主要取决于两个因素：风险大小和风险价格。在风险市场上，风险价格的高低取决于投资者对风险的偏好程度。

在以上各收益率中，应重点关注以下几点：

预期收益率（期望投资收益率）是加权平均数。

无风险收益率 = 资金时间价值（纯利率）+ 通货膨胀补偿率。

必要投资收益率 = 无风险收益率 + 风险收益率 =（资金时间价值 + 通货膨胀补偿率）+ 风险收益率。

4.1.2 风险的内涵

（1）风险。风险是未来事件的不确定性。广义上说，风险是指在一定条件下、一定时期内可能产生结果的变动或实际结果与预期结果的差异。投资风险是指投资收益的不确定性，或实际投资收益与预期投资收益的差异和变动。投资风险并不等于投资损失。投资风险有损失的可能性，也有获得比预期收益更大的收益的可能性。例如，投资者预期的投资收益率为 10%，而实际的投资收益率为 9% 或 11%（小于或大于预期的投资收益率）意味着有投资风险，因此，风险也可以理解为实际收益在预期收益的上下波动性。

投资收益由许多因素决定，而这些因素都在不断地变化着，因此投资有风险。投资者承受着各种各样的风险，如利率风险、财务风险、购买力风险和政策风险等。

利率风险是投资收益受市场利率变动的影响，利率改变使投资者获得的收益产生波动的风险。

财务风险是指受对方支付能力的限制，投资者无法获得、推迟获得或少获得投资收益的风险。

购买力风险是指由于商品价格或生活费用的变动而使投资者获得收

益的购买力发生变动的风险。

政策风险是由于政府政策的变动而导致经济高涨或紧缩，从而影响投资收益的风险。

（2）风险控制。风险控制主要有以下几种方式。

① 规避风险。当资产风险所造成的损失不能由该资产可能获得的收益予以抵消时，应当放弃该资产，以规避风险。例如，拒绝与不守信用的厂商业务往来，放弃可能明显导致亏损的投资项目。

② 减少风险。减少风险主要包括两个方面：一是控制风险因素，减少风险的发生；二是控制风险发生的频率和降低风险损害程度。可以采用多领域、多地域、多项目、多品种的经营或投资以分散风险。

③ 转移风险。对可能给企业带来灾难性损失的资产，企业应以一定的代价，采取某种方式转移风险。如向保险公司投保，采取合资、联营、增发新股、发行债券、联合开发等方式实现风险共担，通过技术转让、特许经营、战略联盟、租赁经营和业务承包等方式实现风险转移。

④ 接受风险。接受风险包括风险自担和风险自保两种方式。风险自担是指风险损失发生时，直接将损失摊入成本或费用，或冲减利润；风险自保是指企业预留一笔风险金或随着生产经营的进行，有计划地计提资产减值准备等。

4.2 收益与风险的关系
——证券投资中收益与风险的关系

在证券投资中，收益和风险形影相随，收益以风险为代价，风险用收益来补偿。投资者投资的目的是得到收益，同时，又不可避免地面临着风险。证券投资的理论和实战技巧都是围绕着如何处理二者之间的关系展开的。

收益与风险的基本关系是收益与风险相对应，即，风险较大的证券，其收益率相对较高；反之，收益率较低的投资对象，风险相对较小，但是，绝不能因为收益与风险有这样的基本关系，就盲目地认为风险越大，收益就一定越高。收益与风险相对应的原理只是揭示收益与风险的内在本质关系：收益与风险共生共存，承担风险是获取收益的前提，收益是风险的成本和报酬。下面用债券和股票来进行说明。

（1）同一种类型的债券，长期债券利率比短期债券高。这是对利率风险的补偿。例如，同样是政府债券，都没有信用风险和财务风险，但长期债券的利率要高于短期债券，这是由于短期债券没有利率风险，而长期债券却可能受到利率变动的影响，二者之间利率的差额就是对利率风险的补偿。

（2）不同债券的利率不同，这是对信用风险的补偿。通常，在期限相同的情况下，政府债券的利率最低，地方政府债券利率稍高，其他依次是金融债券和企业债券。在企业债券中，信用级别高的债券利率较低，信用级别低的债券利率较高，这是因为它们的信用风险等级不同。

（3）在通货膨胀严重的情况下，债券的票面利率会提高或者会发行浮动利率债券，这是对购买力风险的补偿。

（4）股票的收益率一般高于债券。这是因为股票面临的经营风险、财务风险和经济周期波动风险比债券大得多，必须给投资者相应的补偿。在同一市场上，许多面值相同的股票也有迥然不同的价格，这是因为不同股票的经营风险和财务风险相差甚远，经济周期波动风险也有差别。投资者以出价和要价来评价不同股票的风险，调节不同股票的实际收益，使风险大的股票的市场价格相对较低，风险小的股票的市场价格相对较高。

当然，收益与风险的关系并非如此简单。除以上几种主要风险外，证券投资还有其他次要风险，引起风险的因素以及风险的大小程度也在不断变化中，影响证券投资收益的因素也有很多，所以，收益率对风险的替代只能粗略地、近似地反映二者之间的关系，更进一步说，只有加上证券价格的变化才能更好地反映二者之间的动态关系。

4.3 案例分析

案例 1 认识风险和收益

独立设计师和工厂合作生产一款衣服，工厂负责生产，独立设计师负责销售。工厂来样加工成本 30 元，出厂价 38 元，只赚 8 元利润；而由独立设计师去销售，衣服标价 138 元，若市场反馈良好，在不考虑税收、物流成本的情况下，扣除给工厂的 38 元，每售出一件衣服可以获利 100 元。但反过来，如果独立设计师设计不受市场欢迎，哪怕衣服低于成本价 38 元甩卖，也无人问津。独立设计师设计的衣服受市场影响，承担着比来样加工的工厂更大的风险，而扣除出厂价后多出的 100 元就是风险溢价。

对于来样加工的工厂而言，市场环境的影响很小，哪怕市场反馈不好，设计师仍须支付来样加工的费用。如此，得不到该衣服的风险溢价理所当然。工厂的风险只在于下一次设计师还会不会找其合作。

启示：如果想获得高收益，那么就必须承担一定的风险，否则就要接受只能拿着固定的较低收益的现实。

案例 2 规避风险与机会成本

电视台每到寒暑假就喜欢重播《新白娘子传奇》《还珠格格》《西游记》。这是电视台没钱引进其他电视剧吗？当然不是！最主要的原因是规避风险。这几部都是当年收视率很高的电视剧，一部分小学生看着这些电视剧长大，且还有一批接着一批的小学生没有看过，如此，收视率会一直很好，规避了播放新电视剧可能导致的收视率低的风险，而且重播电视剧，对电视台来说费用低廉、成本可控。

但如此，电视台会失去一部新拍的电视剧在该电视台同时段播放的机会，若这电视剧是一匹“黑马”呢？

启示：在投资时，若选择规避风险，就不易获得风险溢价。在实际投资中，每个人因情况不同，会有不一样的风险承受能力、风险偏好和预期收益率。很多人往往不能客观对待，既想规避风险，又想获得高收益，但这是不现实的。

案例3　徐小平与聚美优品的天使投资故事

徐小平是真格基金创始人，也是新东方创始人之一，曾经以“青年导师”的称号闻名全国。徐小平也是著名的天使投资人之一。他将天使投资视为青年导师生涯的延续。据说，徐小平投资从来不看报表，“热脑袋”决策是他投资的风格。很久以前，徐小平见过陈欧一次。几年后，陈欧做了一个游戏网站，并找到徐小平，说想要做游戏植入。说了半天，徐小平没听懂，于是直接问陈欧需要多少钱？陈欧说：“要20万美元”。徐小平问：“15万美元怎么样，给我多少股份？”陈欧说：“10%。”讨价还价了半天，陈欧说：“徐老师，我的团队也希望公司估值听起来有点价值，至少是个整数，200万美元级别。”陈欧干脆请求徐小平出18万美元，持股比例为10%，这样的话，估值正好是200万美元，起码能向团队交代了。

最后，徐小平妥协了，陈欧拿着18万美元和徐小平赠送的位于中关村地铁口的一套房子创立了Reemake游戏公司。后来，陈欧的项目失败了，但在此过程中，陈欧发现在网上卖化妆品很不错，于是团队就草草地设计了一个网站，叫“团美”。转型后，2010年3月，改名为聚美优品的“团美”每月收入达10万元，之后不断地突飞猛进，截至2010年8月，收入已经达到300万元，2018年年底已经达到500多万元，2012年年底，月销售额开始上亿元。

2014年，聚美优品在纳斯达克上市，徐小平获得了600倍的投资回报。陈欧的团队会营销，有强烈的媒体意识和宣传意识。这是聚美优品获得成功的一个重要原因。

启示：这个故事说明，市场的需求是收益的根源；要寻找市场的商机，而不应盲目跟风。

案例4　一个牧羊人上当受骗的故事

一个牧羊人牵着山羊和驴进城去赶集。三个骗子想骗他。第一个骗子说："城里人非常喜欢吃驴肉，它的价格不菲。"于是，牧羊人非常小心地看管驴。骗子趁着牧羊人不注意把山羊牵走了。牧羊人发现山羊不见了，急忙寻找。这时，第二个骗子问他找什么。牧羊人说找山羊，骗子随便一指，说："刚才看见一个人牵着山羊去林子了。"牧羊人急着去追羊，把驴子交给这位"好心人"看管。等他两手空空地回来时，驴子与"好心人"也没了踪影。牧羊人伤心极了，他来到一个水池边，发现一个人哭得比他还伤心，就问那个人哭什么，那人告诉牧羊人："他带着两袋金币去城里买东西，在水边洗脸，却把袋子掉在水里了"。牧羊人说："那你赶快下去捞呀。"那人号称自己不会游泳，如果牧羊人捞上来，愿意送给他 20 个金币。牧羊人心想可能到手 20 个金币，可以把损失失全补回来，他连忙脱下衣服跳下水去捞。当他两手空空地从水里爬上来时，他的衣服、干粮也不见了，仅剩下的一点钱还在衣服口袋里装着。

启示：只关注收益的人，是贪婪而无知的。容易受骗的人，只看到收益，而没有看到隐藏在收益背后的风险。

案例 5 捕雀的故事

一天，犹太巨富列宛看到一个 8 岁的孩子在院里捕雀。捕雀的工具很简单，是一只不大的网子，整个网呈圆形，边缘用铁丝圈成，用木棍支起一边，木棍上系着一根长长的绳子。孩子在立起的圆网下撒上米粒，就牵着绳子躲在屋内。

不一会儿，就飞来十几只雀儿，它们大概是饿久了，很快就有 8 只雀儿走进了网里。列宛示意孩子可以拉绳子了，但孩子没有，他悄悄告诉列宛，要等那 5 只进去再拉。

等了一会儿，那 5 只非但没进去，反而走出来 4 只。列宛再次示意孩子快拉，但孩子却说："别慌，再有一只走进去就拉绳子。"可是接着，又有 3 只雀儿走了出来。列宛对他说："如果现在拉绳子，还能套住 1 只。"但孩子好像对失去的好运不甘心，他说："总该有些要回去吧，再等等吧。"

终于，连最后 1 只雀儿也吃饱走出去了。孩子很伤心。

启示：欲望无穷无尽，而机会却稍纵即逝。很多时候，贪婪不但不能满足欲望，反而会使我们失去原先拥有的东西。

自 学 指 导

收益与风险是两个非常重要的概念，也是投资与理财过程中需要重点关注的两个方面。一般来说，收益与风险并存。风险较大的投资，其要求的收益率相对较高；反之，收益率较低的投资对象，投资者愿意承担的风险相对较小，但是，绝不能因为收益与风险有着这样的基本关系，就盲目地认为风险越大，收益则一定越高。任何一项经济活动的最终目标都是获得一定的收益，而收益是否能获得或获得多少，投资者则需要承担一定的风险，特别是大金额的投资，其风险就更大了。那么究竟收益大小与风险程度有什么关系？如何去把握收益与风险的关系呢？本章将围绕这些进行研究和探讨。

本章学习的目的和要求：一是识记收益、风险相关概念；二是理解收益与风险的关系；三是可以运用相关原理帮助自己做出最优投资决策。

本章学习的重点和难点：收益与风险的关系；风险的类型；风险控制。

收益与风险专题测试

一、单选题（请为每个小题选择一个最佳答案）

1．收益是指投资者在一定的时期内投资于某项资产所得到的（　　）。

A．盈利

B．收益

C．差价

D．报酬（或损失）

2.（　　）是指生产经营的利润（或损失），对于证券投资来说是分得的红利或得到的利息。

A. 盈利

B. 收益

C. 经营盈利

D. 资本

3.（　　）是指出售投资资产所获得的收入和投资成本之间的差额。

A. 盈利

B. 资本利得

C. 红利

D. 利息

4.（　　）是指未来事件的不确定性。

A. 资本

B. 收益

C. 红利

D. 风险

5. 投资风险并（　　）投资损失。

A. 不等于

B. 等于

C. 大于

D. 小于

6. 风险也可以理解为实际收益在预期收益（　　）的波动性。

A. 高速

B. 缓慢

C. 上下

D. 左右

7. 利率风险是指投资收益受（　　）变动的影响。

A. 银行

B. 股票

C．债券

D．市场利率

8.（　　）是指受对方支付能力的限制，投资者无法获得、推迟获得或少获得投资收益的风险。

A．股票

B．财务风险

C．债券

D．市场

9.（　　）是指由于商品价格或生活费用的变动而使投资者获得收益的购买力发生变动的风险。

A．购买力风险

B．财务风险

C．利率风险

D．政策风险

10.（　　）是指由于政府政策的变动而导致经济高涨或紧缩，从而影响投资收益的风险。

A．购买力风险

B．财务风险

C．利率风险

D．政策风险

二、填空题

1．投资风险是指投资收益的______，或实际投资收益与预期投资收益的_______。

2．广义上说，_______是指在一定条件下、一定时期内可能产生结果的 ______或实际结果与预期结果的_______ 。

3．投资风险说明有 _______ 的可能性，同时说明也有获得比预期收益更大的 _____的可能性。

4．在证券投资过程中，______和 ______形影相随，收益以风险为代价，风险用收益来补偿。

5. 风险较大的证券，其要求的收益率相对________；反之，收益率较低的投资对象，风险相对______。

6. 无风险收益率等于______与 ______之和。

三、多选题（请为每个小题选择最佳答案，正确答案至少有两项）

1. 投资的收益主要包括（　　）。

A. 经营盈利

B. 资本利得

C. 工资

D. 债务

2. 投资的收益由许多因素决定，而这些因素都在不断地变化着，因此投资有风险。投资者承受的风险有（　　）。

A. 利率风险

B. 财务风险

C. 购买力风险

D. 政策风险

3. 股票投资收益主要有（　　）。

A. 红利 + 出售利得

B. 每股红利 × 持有股

C. 每股红利 × 持有股数 +（出售价格 – 投资成本）× 出售股数

D. 红利

4. 风险控制主要有（　　）等。

A. 规避风险

B. 减少风险

C. 转移风险

D. 接受风险

四、判断题（判断正误，正确的选项请打√，不正确的选项请打 ×）

1. 利率是指投资者在一定的时期内投资于某项资产所得到的报酬（或损失）。（　　）

2. 资本利得是指生产经营的利润（或损失），对于证券投资来说是指分得的红利或得到的利息。（　　）

3. 经营盈利是指出售投资资产所获得的收入和投资成本之间的差额。（　　）

4. 风险是未来事件的不确定性。（　　）

5. 投资风险是指投资收益的不确定性或实际投资收益与预期投资收益的差异和变动。（　　）

6. 投资风险等于投资损失。（　　）

7. 风险也可以理解为实际收益在预期收益上下的波动性。（　　）

8. 投资没有风险。（　　）

9. 高风险一定伴随着高收益。（　　）

10. 低收益伴随着低风险。（　　）

五、简答题（简要回答下列问题）

1. 收益与风险的内涵分别是什么？

2. 投资者承受的风险有哪些？

3. 收益与风险的关系是什么？

4．如何规避风险，从而获得相对高的收益？

六、计算题

1．某企业有甲、乙两个投资项目，计划投资额均为 100 万元，其收益的概率分布见表 4.2。

表 4.2 甲、乙两个投资项目收益的概率分布

市场状况	概率	甲项目净现值 / 万元	乙项目净现值 / 万元
好	0.2	20	30
一般	0.6	10	10
差	0.2	15	5

要求：（1）分别计算甲、乙两个投资项目的期望值。

（2）评价甲、乙两个投资项目的优劣。

下篇　常用的投资与理财工具

专题5　个人储蓄
——向左走 VS 向右走

案例1　裴行俭擒阿史那都支

公元677年，西域的阿史那都支勾结吐蕃，策动外族部落叛乱，唐高宗准备调集大军，前往征讨。吏部侍郎裴行俭建议说："敌势强盛，如果劳师远征，巨大的开支恐怕不是朝廷所能负担。不如利用当地依附朝廷的部族力量，伺机而动，不用兴师动众就可平定叛乱。"少花钱、多办事，唐高宗自然大喜过望，立刻任命裴行俭为安抚使臣。

裴行俭带着一支小小的卫队出发了，一行人昼夜兼程，刚进西州地界，忽然前边尘土飞扬，马嘶人叫，正惊异间，只见那些人纷纷下马，前来拜见。原来裴行俭曾任职西州十几年，为这里做了不少贡献，"西域诸国多慕义归附"，跟当地部族更是结下了深厚的友谊，所以听说他来了，大家都前来迎接。

夜晚的篝火晚会十分热闹，裴行俭与老朋友们举杯畅饮，他说："我一直十分怀念过去纵马草原的日子，此番前来，特别想打打猎，重温一下过去的时光，不知道有谁愿意陪我玩玩呢？"一时响应者云集，裴行俭从中挑选了一千多名精壮青年。裴行俭的一举一动，都被密探报告给了阿史那都支。他见唐军没几个人，不像是来打仗的样子，也就放松了戒备。

裴行俭把招募的青年稍加训练后，召集安西四镇的各部酋长，约他们一起打猎，"各族子弟愿从者万人"。他们秘密出发，几天时间就到达了离阿史那都支牙帐只有十余里的地方。裴行俭派出使者，问候说："大唐使节裴行俭路过此地，乘机约老朋友、老部下到这里来郊游打猎，您有空的话，我想邀您一同游猎。"

阿史那都支大吃一惊，眼见上万人马开到了自己家门口。“仓卒不知所出”，来不及集合队伍，只好带着侥幸心理，率领子弟五百余人到唐营拜见，结果裴行俭未费一枪一弹就将他抓获。一场声势浩大的叛乱，被裴行俭轻描淡写地化于无形之中。

裴行俭回朝的时候，唐高宗亲自迎接，并大摆筵宴，为他庆功。席间，皇帝问了他一个一直疑惑不解的问题：“那些异族人，怎么会甘心受你驱使呢？”裴行俭回答说：“人心如石，滴水可穿。今天振臂一呼，响者云集，是臣过去十几年与他们朝夕相处的积累啊！”

高宗听完，若有所思。这时，部将王方翼又讲了两件小事。

“有一次，陛下下诏赏赐给裴大人一匹骏马和一副马鞍，裴大人派令史去取。那马非常神骏，马鞍镶嵌了宝石，光彩夺目，令史一时心痒难耐，上马奔驰，结果马鞍被弄坏了。把陛下的赏赐损坏，那是多大的罪过啊，令史没敢跟裴大人说，吓得悄悄地逃跑了。裴大人听说，忙派人把他追了回来，责备他说：‘你怎么这么看重物件，轻视自己呢？人与物，孰大孰小啊，马鞍坏了，是小损失，而丢了人，才是让我难过的大事啊！’”

“这次平定阿史那都支之后，缴获了大量珍宝，吐蕃部落的将士都想开开眼界。裴大人在设宴款待他们时，便拿出珍宝给他们看，其中有一个二尺大小的玛瑙盘，光彩夺目，一个异族的小伙子挤过来看，结果不小心把玛瑙盘摔碎了。他吓得面如土色，跪下来叩头谢罪。裴大人不以为意，笑着把他扶起来，说：‘你又不是故意的，何必这样惊慌呢？’后来陛下将从阿史那都支缴获的 3 000 多件宝物都赐给了裴大人，他却把这些东西全部分给了跟随他的部下和亲朋好友。”唐高宗随即升裴行俭为礼部尚书兼检校右卫大将军。

有人说，人生是一种储蓄，你平时为别人所做的一点一滴，都是存入，而成功，就取决于在关键时刻，你能有多少积蓄可以支出。

5.1 储蓄的内涵

储蓄小故事：古人是怎么储蓄的？

我国早在战国时期就已有“储蓄”一说。桓宽的《盐铁论·力耕》载：“丰年岁登，则储积以备乏绝。”

不过，那时的储蓄是指积存谷物、牲畜之类的实物，有别于今天的储蓄金钱，但都是积贮备用，意义是相同的。

到了西汉，储蓄也逐渐由实物转为金银和钱币。中国古代大多数时候通行的是方孔圆钱。先民们为储存之便，用陶制成罐形或匣形的器具，顶端开一条能放进铜钱的狭口，有零散铜钱即投入其中；有的腹部还开有一小眼，供插系绳子用，悬吊于梁上。装钱只有入口，没有出口。钱装满后，将其敲碎取之。“满则扑之”，故名“扑满”。

“扑满”是古代妇女和孩子们喜爱的储蓄方式，另一种储蓄方式叫“窖藏”，就是将金银或钱币放在坛罐内，封好后埋在地下或墙壁夹缝等隐蔽之处。

到了唐代，经济空前繁荣，大都市里出现了商人开办的“柜坊”，这是我国最早的专门办理储蓄的机构。“柜坊”代客保管金钱和财物，收取手续费，客户需要时可凭券或约好的信物支领。宋、元后，“柜坊”渐渐演变为“钱庄”，储蓄业务日益扩大，发展到明、清时，工商业进一步发展，商品经济活跃。

大商人为了筹集资金，纷纷在各大城市设立了“票号”“钱庄”“银号”之类的信用机构。这些机构接受存款，并有定期储蓄和活期储蓄之分，同时，付给储户一定的利息。上海的“钱庄”直到1952年年底才合并为公私合营的银行。

商业性的银行最早出现于欧洲。世界上第一家银行创立于意大利威尼斯。随后，荷兰的阿姆斯特丹、德国的汉堡、英国的伦敦等地也相继设立了银行。光绪年间，我国开设了第一家商业性质的银行，名为“中国通商银行”。1908 年，它改名为“大清银行”，成为我国第一家国家银行。现代银行兴起后，储蓄仍为其主要业务之一。

5.1.1 储蓄的含义

储蓄有广义和狭义之分。广义的储蓄包括存款储蓄、购买债券、商业保险和手持现金等。日常生活中所讲的储蓄一般指狭义的储蓄，即存款储蓄，是指个人将属于其所有的货币存入经营储蓄业务的营业机构后，营业机构为其开具存款凭证（存折、存单、借记卡），个人凭存款凭证和预留支取方式支取存款本金和利息，营业机构依照规定支付存款本金和利息的活动。

营业机构办理存款业务的基本原则是存款自愿、取款自由、存款有息、为储户保密。虽然营业机构要为储户保密，但是金融机构有时要根据查询、冻结、扣划存款通知书与解除冻结、扣划存款通知书来协助相关部门的工作。当然，这些通知书均应由执法机关相关人员依法送达，金融机构不接受除此以外人员代为送达的上述通知书。个人人民币储蓄业务的准入管理遵循风险管理先行、效益性和整体性原则。

货币分人民币和外币；存款凭证有存折、存单、借记卡等；预留支取方式如密码、印鉴、无印密等。

5.1.2 存款储蓄的类型

（1）活期储蓄存款。活期储蓄存款是指不限定存期，可随时存取的业务。

个人存款账户分为个人结算账户和个人储蓄账户。

① 个人结算账户是指自然人因投资、消费、结算等需要，凭个人有效身份证件以自然人名称在营业机构开立的办理支付结算业务的人民币活期存款账户。

② 个人储蓄账户是指自然人凭个人有效身份证件以自然人名称开立

的办理资金存取业务的人民币储蓄存款账户。

（2）整存整取定期储蓄存款。存款时约定存期，一次存入本金，全部或部分支取本息的业务，称整存整取定期储蓄存款。整存整取定期储蓄存款起存金额为 50 元，存期分为三个月、半年、一年、二年、三年、五年。

（3）通知存款。存款时不约定存期，一次性存入本金，可一次或分次支取，支取时需提前通知营业机构，约定支取日期和金额的业务，称通知存款。部分支取后，留存金额必须高于起存金额，否则予以销户。通知存款起存金额为 50 000 元。个人通知存款分为一天通知存款和七天通知存款。

（4）零存整取定期储蓄存款。

存款时约定存期，按月定额存储，到期一次支取本息的业务，称零存整取定期储蓄存款。零存整取定期储蓄存款起存金额为 5 元，存期分为一年、三年、五年。

存款金额由客户自定，每月存入一次，中途如有漏存，应在次月补齐，未补存者，视为违约。违约前存入的部分，到期支取时按实存金额和实际存期计息；违约后存入的部分，支取时按活期存款利率计付利息。

（5）整存零取定期储蓄存款。存款时约定存期和支取方式，本金一次存入、分次支取，利息于期满结清的定期储蓄存款业务，称整存零取定期储蓄存款。整存零取定期储蓄存款起存金额为 1 000 元，存期分为一年、三年、五年，支取期分一个月、三个月、六个月一次。

（6）存本取息定期储蓄存款。

存款时约定存期和取息期，一次存入本金，分次支取利息，到期后一次支取本金的定期储蓄存款业务，称存本取息定期储蓄。存本取息定期储蓄存款起存金额为 5 000 元，存期分为一年、三年、五年。

客户按照开户时约定的取息日，可以一个月或几个月取息一次；取息日未到，不得提前支取利息，以后可随时取息；提前支取本金，按照定期存款提前支取的规定计算存期内利息，并扣回多支付的利息。

（7）教育储蓄存款。教育储蓄存款是为接受非义务教育积蓄资金，实行利率优惠、利息免税的一种零存整取定期储蓄存款业务。教育储蓄存款起存金额为 50 元，本金不得超过 20 000 元，存期分为一年、三年、六年。

（8）定活两便储蓄存款。存款时不约定存期，一次存入本金，可随时一次支取本金和利息的业务，称定活两便储蓄存款。定活两便储蓄存款起存金额为 50 元。

（9）银行卡存款。

银行卡是指经批准由商业银行（含邮政金融机构）向社会发行的具有消费信用、转账结算、存取现金等全部或部分功能的信用支付工具。银行卡存款中的银行卡主要是指借记卡。借记卡按功能不同，分为转账卡、专用卡、储值卡。转账卡具有转账、存取现金和消费功能。专用卡是在特定区域、专用用途（除百货、餐饮、娱乐行业以外的用途）使用的借记卡，具有转账、存取现金的功能。储值卡是银行根据持卡人要求将资金转至卡内储存，交易时直接从卡内扣款的预付钱包式借记卡。

借记卡可以在网络或 POS 机消费或者通过 ATM 转账和提款，不能透支，卡内的金额按活期存款计付利息。消费或提款时，资金直接从储蓄账户划出。借记卡在使用时一般需要密码。借记卡按等级可以分为普通卡、金卡和白金卡，按使用范围可以分为国内卡和国际卡。

【计算题】

（1）江海于 2019 年 1 月 23 日在某银行存入定期整存整取半年存款 6 400 元，开户日半年利率为 1.98%，2019 年 7 月 23 日到期支取，支取日挂牌公告的活期利率为 0.36%，税率按零计算。该储户的实付利息是多少元？

解析：该存款类型为定期整存整取半年存款；2019 年 1 月 23 日—7 月 23 日刚好半年，故该存款的计算利息率为开户日的半年利率，即 1.98% ÷ 2。计算步骤为：

储户实付利息 = 本金 × 利率 =6 400 ×（1.98% ÷ 2）=63.36（元）

（2）李三于 2016 年 9 月 17 日在某银行存入定期整存整取 3 年期存

款 4 500 元，开户日 3 年期利率为 2.52%，2019 年 7 月 23 日提前支取，支取日挂牌公告的活期利率为 0.72%，税率按 20% 计算。该储户的应付利息税是多少元？

解析：该存款类型为定期整存整取 3 年存款。2016 年 9 月 17 日—2019 年 7 月 23 日不足 3 年，故该存款的计算利息率为取款日挂牌公告的活期利息，即 0.72%；活期利息按常规一年应计 360 日，故文中每日利率为 0.002%；计息天数为 2017 年 9 月 17 日—2018 年 7 月 23 日，共 1 026 天。计算步骤为：

储户实付利息 = 本金 × 日利率 × 天数 =4 500 × 0.002% × 1 026= 92.34（元）

储户应付利息税 = 储户实付利息 × 税率 =92.34 × 0.2=18.468（元）

5.2 储蓄的价值和意义

5.2.1 储蓄关乎国计民生——“看得见的手”和“看不见的手”

说到储蓄，就和经济离不开，而经济又分为宏观经济和微观经济。做投资和理财必须了解宏观经济，这样才能大致判断经济的发展趋势，指明未来的投资方向。我们先来简单了解一下经济学的发展史。

18世纪，英国诞生了经济学的鼻祖——亚当·斯密。他创立了经济学理论，被称为“经济学之父”。他在1776年出版了著名的《国富论》。

亚当·斯密在《国富论》的扉页上写道：“女王陛下，请不要干预国家经济，政府就做守夜人，夜晚看看有没有偷盗者，只要国家不干预，经济会自然发展。”他指出，涉及经济利益时，每个人都很自私，只想实现自身利益最大化，但当他真正这样做时，就像有只“看不见的手”在指引他。“看不见的手”指的是市场和价格机制，其作用是调节整个社会经济的运转。斯密主张政府不要干预经济，每个人都会为了自己的利益努力工作，在供求关系的调节下，整体经济就会快速发展。在这种理论的指导下，英国率先崛起，不久就成为“日不落帝国”，之后影响了整个西欧和美国。斯密“看不见的手”指导资本主义社会发展了一个半世纪。

直到 1929 年，全球经济危机爆发，从美国开始，股市崩盘、企业倒闭、银行挤兑、民众失业，经济陷入大萧条，几乎所有的发达资本主义国家都深陷其中，各国政府绞尽脑汁也无法缓解这次危机。大家陷入思考：“看不见的手”哪去了？经济不是会自我运行吗？这次为什么不能自行复苏？

1936 年，凯恩斯出版了《就业、利息和货币通论》。该书中说，“看不见的手”无法应对这种大萧条，应使用“看得见的手”，就是政府要强力干预经济，发行国债向民众借钱，大搞基建来解决就业问题，重新点燃经济的发动机。他甚至提出“挖坑理论”：雇人挖坑，再雇人把坑填上，创造就业机会。雇人挖坑需要铁锹，铁锹生产企业开工，钢铁企业也开张，工人得到工资可以购买食品，于是食品企业也恢复生产，经济又开始良性循环。

凯恩斯认为，经济大萧条时，民众由于信心不足而不敢消费，靠市场自身无法创造足够需求，需要政府进行宏观调控，通过发行国债来启动某个环节，从而刺激、带动整个经济有效运转起来。后来，在该理论的指导下，英国经济真的开始复苏，于是美国也依葫芦画瓢，采用宏观调控，修建大量基础设施，于是经济迅速恢复，再次从衰退中站起来。各国政府尝到甜头后，开始争先恐后地对经济进行宏观调控。凯恩斯的理论使经济学的研究方向从微观转向宏观，创造了宏观经济学这门学科。

20 世纪 70 年代，石油输出国组织大幅提高石油价格。石油是工业生产的基础和“血液”，油价上涨必然带动物价飙升和货币贬值，然而，当各国政府再一次轻车熟路地使用“看得见的手”进行刺激时，不但经济毫无起色，通货膨胀反而更厉害了。经济增长停滞并发生通货膨胀的现象简称“滞胀”，于是古典经济学派又开始活跃，其中比较著名的是弗里德曼货币主义派。他们的观点是，货币总量要与经济总量对应匹配，政府必须控制住货币供给量，凯恩斯的赤字财政必然导致通货膨胀。

经济学流派虽然层出不穷，其实本质上也就分为两派：一是亚当·斯密的古典经济学，重视“看不见的手”；二是凯恩斯主义，重视“看得见的手”。接下来我们用“看得见的手”来进行简单的模型分析。模型分成两方面：个人和企业。个人在企业打工，赚钱购买产品，企业回款后才能继续生产。如果宏观经济要达到平衡，那么个人的钱必须全部用来购买企业的产品，这显然不现实。

人总有生老病死，为了以防万一，个人会将部分资金存入银行，这就是储蓄；企业扩大经营需要资金，找银行贷款，就是投资。若储蓄小于投资，则民众都去消费产品，导致产品供不应求，价格越来越高，这就是通货膨胀——钱越来越不值钱；若储蓄大于投资，则产品积压，只能降价，这就是通货紧缩——钱越来越值钱。宏观经济平衡的第一个条件就是储蓄等于投资。

所以，储蓄对于国家宏观经济而言十分重要。从国家宏观层面来讲，是需要个人进行储蓄的。

5.2.2 储蓄于个人而言——抵御人生风险的底气

1950年左右，哈珀·李还在英国航空公司担任票务人员一职。她很热爱写作，但由于生活所迫，只能在空余时间进行写作。这样写作，根本不可能取得什么大成就，让她感到无比痛苦。这时，她在纽约的两位朋友——布朗夫妇决定助她一臂之力。他们认为，哈珀·李是一个被生活埋没的才女，于是就把一张支票作为圣诞礼物送给了她。这张支票的金额，相当于她一年的工资。另外，装有支票的信封里，还附了一张纸条，上面写着：“愿你用一年的时间来写你喜欢的东西。圣诞快乐。”在这一年里，她完成了长篇名著《杀死一只知更鸟》，迄今为止在全世界卖出了超过4 000万册。

当然，我们很难拥有这样慷慨的朋友，赠送一年的收入让我们提升自己，实现自己的梦想。但是我们可以靠自己存钱、储蓄，为今后的成长打下坚实的基础，毕竟金钱不存起来的话，可是会“飞走”的。并且，储蓄对于个人而言，是抵御人生风险的最重要武器。

很多年轻人消费起来大手大脚，加上还房贷、车贷，手上根本没多少存款。如果生活风平浪静还好，一旦有任何意外发生，没什么存款的人则毫无抵抗风险的能力。人的一生会有各种变幻沉浮，手上有足够的现金，是抵御人生风险的最大底气。

不储蓄的后果是十分可怕的，可以先看几组数据。① 2018 年 8 月，央行数据显示，全国信用卡逾期半年未还款的总额达 756.67 亿元，而在 2010 年，这个数据仅为 76.86 亿元，8 年翻了近 10 倍。② 一位博主曾做过一个关于 90 后月薪和存款的调查，结果显示，4 万多人中，70% 的人有分期负债；20% 的人虽无负债，但也没有存下多少钱；只有 10% 的年轻人，每个月有固定存款。③《2017 年轻人消费生活报告》显示，在中国近 1.7 亿的 90 后群体里，每 4 个人中就有 1 个人使用花呗，每 3 个买手机的人中就有 2 个使用分期付款，而每 2 个人中就有一个没存款。④ 汇丰银行的一项统计数据显示，“90 后”群体消费负债额平均为月收入的 18.5 倍，就算是不吃不喝，也要一年半才能还清欠款。

这些数据都在告诉我们，要逃离“消费陷阱”。实际上，是否有足够的存款，在很大程度上能够决定你是否有足够的底气尝试更多的机会，追寻更好的自己。

有一个现在有名的新媒体创业者，在他当时毕业一年半的时候，遇到了一个很好的工作机会，但因为之前拿了原单位的北京落户指标，如果离职要赔偿原单位 20 万元。他的原单位当时工资很低（月薪 4 900 元），又是普通家庭的孩子，大家都感觉不可能一下拿得出 20 万元。但从他确定了离职的想法，到给单位财务打过去 20 万元，办完各种手续，累计时间没超过一周。

因为他当时做微信公众号一年多了，已经有了一定收入，再加上他写专栏特别勤奋，最多的时候除了做自己的公众号，还同时给 5 个专栏供稿。第二年上半年，他每个月的副业收入就已经接近 4 万元，他当时手上有 10 万元，朋友借给了他 10 万元。很快他换了工作，税前年薪暴增至近 40 万元，加上那段时间他的微信公众号的增量不错，所以当他毕业两年的时候，年收入就已经超过 100 万元了。

他为了存钱，还专门办理了一张储蓄卡，每一笔收入都会进行强制储蓄，直接把 30% 的收入存进这张卡中。不到三个月他就还清了所有欠款。事情很快进入了正向循环，当他手上存了超过 30 万的时候，他决定出来创业。之所以有这个底气，就是因为他发现，即使完全没有收入，哪怕生活得稍宽裕一点，这 30 万元存款也足够他在北京用一年了。创业半年后，手里有钱，心里不慌，再加上正向的现金流，他积极进行了很多业务上的尝试，团队规模变大了，收入增长速度也很快。

这就是所谓的，若钱越攒越多，则你的抗风险能力就越来越强，你对世界的探索能力和意愿也就越来越强。相应的，你看待世界的心态也会越来越积极和从容，实现自我价值的能力也就越来越强。充足的存款会让你的格局大得多，能让你的目光不再只盯着饭碗，而是调动思维寻找自己的破局点，尽可能走上一条快速成长的道路。

全社会都在鼓励高消费，可除了自己，谁会对你的人生负责呢？所以存钱才是顶级的自律。

你要抛弃所有浮华的欲望，克制住花钱的种种冲动，尽可能地把钱存在自己手里，把有限的资源投入自己的成长中，不能为了获得一时的消费快感而挥金如土。

5.3 树立正确的理财观

投资是获得财富、创造金钱的最直接手段，但是不用把它想得过于深奥。其实，在我们没有接受过有关投资方面的教育前，就已经或多或少地具备这方面的天赋了，这是上天赐予我们的礼物。那为什么有的人会取得成功，而有的人却一直退缩不前呢？这就在于后者固执于陈旧的观念，希望事情都能原封不动，他们抵制任何变化，陈旧的金钱观是他们最大的包袱，也可以说是最大的债务。

因此，若要增加你的储蓄，实现财务自由，则第一步就是要树立正确的金钱观。抛却陈旧的思想，敢于直面风险和挑战，将金钱看作一件得心应手的工具。而储蓄就是获得这件工具的手段之一。

【思考题】

如何认识新形势下的“高储蓄”现象？

解析：首先，要明确公民存款储蓄增长快的原因。从根本上说，这首先得益于良好的经济形势。此外，目前的居民高储蓄率与中国传统文化、社会结构、家庭观念等诸多因素有关，但社会保障体系的不健全是居民要存钱的重要原因。

其次，要辩证地看待存款储蓄的作用。居民存款储蓄作为一种投资行为，利国利民，但是，储蓄高增长意味着居民消费和投资会在一定程度受到抑制，对改善居民近期生活质量、启动消费、扩大内需有不利影响，因此，要合理引导、分流储蓄，促进储蓄向消费转化。

5.4 储蓄的几个误区

误区一：居民储蓄越多越好。

解析：有一定的居民储蓄是必要的。居民的个人储蓄作为一种投资行为，在国家经济建设中起重大作用。它可以为国家积累资金、支援现代化建设，还可以调节市场货币的流通，而且还有利于培养科学合理的生活习惯，建立文明健康的生活方式，但居民储蓄太多就会导致消费市场萎缩，造成消费品积压，对企业生产的扩大和积累造成不良影响，最终会阻碍居民生活的改善和提高。

误区二：居民储蓄不受任何人、任何单位和组织机构的查询和扣划。这就是“为储户保密”的原则。

解析：我国对居民储蓄采取鼓励和保护政策，实行“存款自愿，取款自由，存款有息，为储户保密”的原则。“为储户保密”是指非依法定条件、程序，存款不受任何人、任何单位和组织机构的冻结和查询，也不得扣划，但如果人民法院和人民检察院因审理已立案的案件需要查询当事人的储蓄存款的，必须向银行提出正式书面申请。如果要求停止支付或处理个人储蓄，则必须向银行提出具有法律效力的证明文件，经县银行和县以上支行核准后才能办理。其他任何部门、任何个人无权向银行查询，无权要求停止支付或处理个人储蓄，所以不能笼统地说居民存款不受任何人、任何单位和组织机构的查询、扣划。我国有权查询、冻结、扣划单位、个人存款的执法机关见表 5.1。

表 5.1　有权查询、冻结、扣划单位、个人存款的执法机关

	查询		冻结		扣划	
单位名称	单位	个人	单位	个人	单位	个人
人民法院	有权	有权	有权	有权	有权	有权
海关	有权	有权	有权	有权	有权	有权
人民检察院	有权	有权	有权	有权	有权	有权
公安机关	有权	有权	有权	有权	无权	无权
国家安全机关	有权	有权	有权	有权	无权	无权
军队保卫部门	有权	有权	有权	有权	无权	无权
监狱	有权	有权	有权	有权	无权	无权
走私犯罪侦查机关	有权	有权	有权	有权	无权	无权
检查机关（包括军队监察机关）	有权	有权	有权	有权	无权	无权
审计机关	有权	无权	无权	无权	无权	无权
工商行政管理机关	有权	无权	暂停结算	暂停结算	无权	无权
证券监管管理机关	有权	无权	无权	无权	无权	无权

误区三：如果银行连续下调利率，影响了居民储蓄存款的实际收益，那么储蓄存款就没有什么意义了。

解析：利率下调并不一定使存款的实际收益减少。当利率下调但利

率水平仍高于同期物价涨幅时，存款者的实际收益仍然存在，甚至可能增加。只有当物价涨幅等于或高于同期存款利率水平时，存款者的实际收益才不复存在，同时，虽然利率下调，但储蓄与保存现金相比具有很大的优越性：储蓄可以获得利息收入，而保存现金没有任何收入；储蓄可把零散资金集中起来，投入社会主义现代化建设，保存现金不利于支援社会主义现代化建设；储蓄可以调节市场货币流通，保存现金则不行；储蓄有利于培养科学合理的生活习惯，形成文明健康的生活方式。

误区四：无论存款账户处于何种状态，银行都可以为储户开具存款证明。

解析：存款证明业务是指银行为存款人出具证明，证明存款人在之前某个时点的存款余额或某个时期的存款发生额，以及证明存款人在银行有在以后某个时间点前不可动用的存款余额。当存款账户处于正式挂失、冻结和止付状态时，是无法开具存款证明的。

【思考题】

你存钱了吗？抑或你打算如何来存钱呢？

解析：没有标准答案，学生自行解答。

自 学 指 导

储蓄有广义和狭义之分。广义的储蓄包括存款储蓄、购买债券、商业保险和手持现金等。日常生活中所讲的储蓄一般指狭义的储蓄，即存款储蓄，是指个人将属于其所有的货币存入经营储蓄业务的营业机构，营业机构为其开具存款凭证（存折、存单、借记卡），个人凭存款凭证和预留支取方式支取存款本金和利息，营业机构依照规定支付存款本金和利息的活动。

本章学习的目的和要求：一是掌握储蓄的含义和类型；二是明白为什么进行储蓄；三是树立正确的储蓄观。

本章学习的重点和难点：一是储蓄的类型及储蓄利息的计算；二是理解储蓄的意义；三是思考如何践行储蓄。

个人储蓄专题测试

一、单选题（请为每个小题选择一个最佳答案）

1. 以下不属于个人储蓄存款业务的业务类型是（　　）。

A. 个人通知存款业务

B. 整存零取定期储蓄存款业务

C. 单位协定存款业务

D. 教育储蓄存款业务

2. 日常生活中所讲的储蓄一般是指狭义的储蓄，即（　　）。

A. 存款储蓄

B. 储蓄存款

C. 购买债券

D. 手持现金

3. 整存整取定期存款的提前支取和逾期支取有一个共同之处，即（　　）。

A. 利息都会受到损失

B. 利息都不会受到损失

C. 提前支取部分或超过原定存期部分都按支取日挂牌公告的活期存款利率计付利息

D. 提前支取部分或超过原定存期部分都按支取日挂牌公告的相应定期存款利率计付利息

4. 定期存款和活期存款是按照（　　）划分的。

A. 客户类型不同

B. 存款期限不同

C. 存款币种不同

D．账户种类不同

5．整存整取定期储蓄存款存期不包括（　　）。

A．一年

B．二年

C．三年

D．六年

6．整存整取定期储蓄存款的起存金额是（　　）。

A．5 元

B．50 元

C．100 元

D．10 元

7．相关部门如果要查询、冻结、扣划存款，需要向金融机构送达（　　）。

A．查询、冻结、扣划通知书

B．司法机关介绍信

C．支行领导的批示

D．部门经理的签字

8．零存整取定期储蓄存款的起存金额是（　　）。

A．5 元

B．10 元

C．50 元

D．100 元

9．提前支取教育储蓄时，（　　）全额支取。

A．必须

B．不可以

C．不确定

D．可以

10．储蓄机构开具的存折或者存单作为个人的（　　）。

A．存款凭证

B．付款收据

C．存款纪念

D．付款凭证

二、填空题（请将正确答案在 ____上填写出来）

1．我国对居民储蓄采取鼓励和保护政策，实行________、________、________、_______原则。

2．教育储蓄存款起存金额为_____元。

三、多选题（请为每个小题选择最佳答案，正确答案至少有两项）

1．个人存款分为（　　）。

A．活期存款

B．整存整取

C．存本取息

D．个人通知存款和教育储蓄存款

2．广义的储蓄包括（　　）。

A．储蓄存款

B．购买债券

C．商业保险

D．购买股票

3．个人通知存款的利率（　　）。

A．按人民银行规定的同期利率执行

B．按双方协定的利率执行

C．实际存期不足通知期限的按活期利率执行

D．超过通知期限的按协定的利率执行

4.《个人存款账户实名制规定》中所称的个人存款账户包括（　　）。

A．活期存款账户

B．定期存款账户

C．定活两便存款账户

D．通知存款账户以及其他形式的个人存款账户

5．公民的存款储蓄利息取决于（　　）。

A．本金

B．利息率

C．银行的服务态度

D．存款期限

6．下列对储蓄存款的认识，不正确的有（　　）。

A．储蓄存款作为一种投资选择具有收益高的特点

B．储蓄存款可以随时存取，灵活方便

C．利息是人们从储蓄存款中获得的唯一收益

D．储蓄存款由于收益很低，所以没有风险

7．个人人民币储蓄业务的准入管理遵循（　　）原则。

A．风险管理先行

B．效益性

C．整体性

D．合规性

8．零存整取定期储蓄的特点不包括（　　）。

A．按约定定期，以开户日为准，每年存入一次

B．以对年对月对日为到期日

C．到期一次支取本金

D．续存的日期可在当月的任何一天，如当月漏存，应在次月补存

9．我国有权冻结个人储蓄存款的机构有（　　）。

A．税务机关

B．海关

C．人民检察院

D．证券监管机关

10．存款证明在（　　）状态下不能签开。

A．账户正式挂失

B．账户冻结

C．账户止付

D．账户口头挂失

四、判断题（判断正误，正确的选项请打√，不正确的选项请打×）

1．广义的储蓄包括储蓄存款、购买债券、商业保险和现金等。（　　）

2．营业机构为个人开具存款凭证包括存折、印鉴、存单。（　　）

3．整存整取定期存款存款时约定存期，可多次存入本金。（　　）

4．如果银行连续下调利率，影响了居民储蓄存款的实际收益，那么储蓄存款就没有什么意义了。（　　）

5． 学生证、机动车驾驶证、介绍信可以作为办理支付结算业务的人民币活期存款账户。（　　）

6．通知储蓄存款是指存款时约定存期，一次性存入本金，可一次或分次支取。（　　）

7．整存零取定期储蓄存款存期分为三个月、半年、一年、二年、三年、五年。（　　）

8．教育储蓄存款是指义务教育积蓄资金，实行利率优惠、利息免税的一种零存整取定期储蓄存款业务。（　　）

9．借记卡按功能不同分为转账卡、专用卡、储值卡，部分借记卡可以透支。（　　）

10．为储户保密原则是指不受任何人、任何单位合组织机构的查询和扣划。（　　）

五、简答题（简要回答下列问题）

1．简述储蓄的含义。

2．简述储蓄的作用。

六、计算题（完成下列各题的计算，需要计算的，请写出计算过程）

1. 2018年1月1日，张大伯将800元存入银行，存期2年，年利率是2.25%，到2020年1月1日可取回多少元？

2. 小丽将王老师资助给她的500元存入银行，定期3年，若定期存款年利率为4%，则到期后，小丽可得到多少利息？

3. 小王于2004年11月29日在某银行存入定期整存整取1年存款6 433元，开户日1年利率为2.25%，2006年6月3日逾期支取，支取日挂牌公告的活期利率为0.72%，税率按20%计算。该储户的应付利息税是多少元？

4. 小李办理了零存整取业务，每年年末存入银行10 000元，利率为4%，存期10年，第11年年末取出30 000万元，第12年年末全部取出。共计能取出多少钱？

专题6　债券投资

有没有风险低、收益还行且流动性又好的投资品种呢？答案是肯定的，那就是债券。债券是由政府、金融机构或工商企业直接向投资者发行，并承诺按约定偿还本金和支付利息的金融契约凭证。债券发行者与投资者之间是有法律效应的债权债务关系，发行者即债务人，投资者即债权人。债券是有价证券，可以上市流通。

以上是对债券的书面解释。简单来说，债券就是发行方在约定时间内，以约定利息向投资者借钱，每年支付约定的利息，最后到期日连本钱一并偿还。显而易见，发行方的实力决定了债券风险的大小：国债的发行方是中央银行，风险最低，相对利率也低；公司债的发行方是上市公司，风险肯定要大于国债；企业债的发行方是非上市公司，风险比上市公司又要大一些。

目前，我国有三家政策性银行，分别是国家开发银行、中国进出口银行和中国农业发展银行。这三家银行是为了配合国家政策而成立的，不以营利为目的。以上银行为筹集信贷资金，也会发行债券，即政策性银行金融债券，又称政策性银行债券，经国务院批准，由中国人民银行用计划派购的方式，向邮政储汇局、国有商业银行、区域性商业银行、城市商业银行（城市合作银行）、农村信用社等金融机构发行。

6.1　国　　债

国债又称国家公债，是国家以其信用为基础，按照债券的一般原则，通过向社会发行债券筹集资金所形成的债权债务关系。国债是中央政府为筹集财政资金而发行的一种政府债券，由中央政府向投资者出具、承诺在一定时期支付利息和到期偿还本金的债权债务凭证。由于国债的发行主体是国家，因此它具有最高的信用度，被公认为是最安全的投资工具。

6.1.1　发行目的

（1）筹措军费。在战争时期，军费支出额巨大，在没有其他筹资办法的情况下，即通过发行战争国债筹集资金。发行战争国债是各国政府在战时通用的方式，也是国债的最先起源。

（2）平衡财政收支。一般来讲，平衡财政收支可以采用增加税收、增发通货或发行国债的办法。以上三种办法比较，增加税收是取之于民用之于民的做法，固然是一种好办法，但是增加税收有一定的限度。若税赋过重，超过了企业和个人的承受能力，则将不利于生产的发展，并会影响今后的税收。增发通货是最方便的做法，但是此种办法是最不可取的，因为用增发通货的办法弥补财政赤字，会导致严重的通货膨胀，其经济的影响最为剧烈。在增税有困难，又不能增发通货的情况下，采用发行国债的办法弥补财政赤字，是一项可行的措施。通过发行债券，政府可以吸收单位和个人的闲置资金，帮助国家度过财政困难时期，但是赤字国债的发行量一定要适度，否则也会造成严重的通货紧缩。

（3）筹集建设资金。国家要进行基础设施和公共设施建设，需要大量的中长期资金。通过发行中长期国债，国家可以将一部分短期资金转化为中长期资金，用于建设国家的大型项目，以促进经济的发展。

（4）借换国债的发行。借换国债是为偿还到期国债而发行的。在国债偿债的高峰期，为了解决偿债的资金来源问题，国家通过发行借换国债来偿还到期的旧债，这样可以减轻和分散国家的还债负担。

6.1.2 分类方式

按照不同的标准，国债可进行不同的分类。

6.1.2.1 按举借债务方式划分

（1）国家债券。国家债券是通过发行债券形成国债法律关系。国家债券是国家内债的主要形式，中国发行的国家债券主要有国库券、国家经济建设债券、国家重点建设债券等。

（2）国家借款。国家借款是按照一定的程序和形式，由借贷双方共同协商签订协议或合同，形成国债法律关系。国家借款是国家外债的主要形式，包括外国政府贷款、国际金融组织贷款和国际商业组织贷款等。

6.1.2.2 按偿还期限划分

（1）定期国债。定期国债是指国家发行的严格规定有还本付息期限的国债。定期国债按还债期长短又可分为短期国债、中期国债和长期国债。短期国债通常是指发行期限在1年以内的国债，主要是为了调剂国库资金周转的临时性余缺，具有较大的流动性。中期国债是指发行期限在1年以上、10年以下的国债（含1年但不含10年），因其偿还时间较长而可以使国家对债务资金的使用相对稳定。长期国债是指发行期限在10年以上的国债（含10年），可以使政府在更长时期内支配财力，但持有者的收益将受到币值和物价的影响。

（2）不定期国债。不定期国债是指国家发行的不规定还本付息期限的国债。这类国债的持有人可按期获得利息，但没有要求清偿债务的权利。英国曾发行的永久性国债即属此类。

6.1.2.3 按发行地域划分

（1）国家内债。国家内债是指在国内发行的国债，其债权人多为本国公民、法人或其他组织，还本付息均以本国货币支付。

（2）国家外债。国家外债是指一国常住者按照契约规定，应向非常住者偿还的各种债务本金和利息的统称。按照国家外汇管理局发布的《外债统计监测暂行规定》和《外债统计监测实施细则》的规定，中国的外债是指中国境内的机关、团体、企业、事业单位、金融机构或者其他机构对中国境外的国际金融组织、外国政府、金融机构、企业或者其他机构用外国货币承担的具有契约性偿还义务的全部债务。

6.1.2.4 按发行性质划分

（1）自由国债。自由国债又称任意国债，是指由国家发行的，由公民、法人或其他组织自愿认购的国债。它是当代各国发行国债普遍采用的形式，易于被购买者接受。

（2）强制国债。强制国债是国家凭借其政治权力，按照规定的标准，强制公民、法人或其他组织购买的国债。这类国债一般是在战争时期或财政经济异常困难或为推行特定的政策、实现特定目标时采用。

6.1.2.5 按使用用途划分

（1）赤字国债。赤字国债是指用于弥补财政赤字的国债。在实行复式预算制度的国家，纳入经常预算的国债属赤字国债。

（2）建设国债。建设国债是指用于增加国家对经济领域投资的国债。在实行复式预算制度的国家，纳入资本（投资）预算的国债属建设国债。

（3）特种国债。特种国债是指为实施某种特殊政策在特定范围内或为特定用途而发行的国债。

（4）战争国债。战争国债是指用于弥补战争费用的国债。

6.1.2.6 按是否可以流通划分

（1）上市国债。上市国债也称可出售国债，是指可在证券交易场所自由买卖的国债。

（2）不上市国债。不上市国债也称不可出售国债，是指不能自由买卖的国债。这类国债一般期限较长，利率较高，多采取记名方式发行。1981—1994 年，我国面向个人发行的国债只有一种，这种国债是无记名国债。

6.1.2.7 按债券的流动性划分

（1）可流通国债。政府发行的债券才有可能流通和转让。

（2）不可流通国债。国家借款形式的国债一般是不可流通和转让的。

自由转让和流通是国债的基本属性和特征，多数国家发行的大多数国家债券可进入证券市场自由买卖。

6.1.2.8 按发行的凭证划分

（1）凭证式国债。凭证式国债是指国家用填制国库券收款凭证的方式发行的债券。

（2）记账式国债。记账式国债又称无纸化债券，是由财政部通过无纸化方式发行的、以电脑记账方式记录债权，并可以上市交易的债券。

6.1.3 运行操作

6.1.3.1 发行定价方式

国债的发行价格有以下三种方式。

（1）平价发行。平价发行，即发行价格等于其票面金额。债券到期时，国家应依据此价格还本付息。

（2）折价发行。折价发行，即发行价格低于债券票面金额。债券到期时，国家需按票面价格还本付息。折价发行不同于贴现发行。

（3）溢价发行。溢价发行，即发行价格高于债券票面金额。债券到期时，国家只按债券票面价格还本付息。

6.1.3.2 发行方式

（1）公募法，即通过在金融市场上公开招标的方式发行国债。

国债发行的公募招标方式分按招标标的物分缴款期、价格和收益率招标三种形式。按确定中标规则分单一价格招标（荷兰式）和多种价格招标（美国式）。

（2）承售法，即由金融机构承购全部国债，然后转向社会销售，未能售出的部分由金融机构自身承担。

（3）出卖法，即政府委托推销机构利用金融市场直接出售国债。

（4）支付发行法，即政府对应支付现金的支出改为以国债代付。

（5）强制摊派法，即国家利用政治权力强迫国民购买国债。

6.1.4 购买

（1）无记名式国债的购买。无记名式国债的购买对象主要是各种机构投资者和个人投资者。无记名式实物券国债的购买方法是最简单的。投资者可在发行期内到销售无记名式国债的各大银行（包括中国工商银行、中国农业银行、中国建设银行、交通银行等）和证券机构的各个网点，持款填单购买。无记名式国债的面值种类一般为 100 元、500 元、1 000 元。

（2）凭证式国债的购买。凭证式国债主要面向个人投资者发行，其发售和兑付通过各大银行的储蓄网点、邮政储蓄部门的网点以及财政部门的国债服务部办理。其网点遍布全国城乡，能够最大限度地满足投资者的购买、兑取需要。投资者可在发行期间内持款到各网点填单交款，办理购买凭证式国债事宜。由发行点填制凭证式国债收款凭单，其内容包括购买日期、购买人姓名、购买券种、购买金额、身份证件号码等，填完后交购买者收妥。办理手续和银行定期存款办理手续类似。

凭证式国债以 100 元为起点，整数发售，按面值购买。发行期过后，对于提前兑取的凭证式国债，可由指定的经办机构在控制指标内继续向社会发售。投资者在发行期后购买时，银行将重新填制凭证式国债收款凭单，投资者购买时仍按面值购买。购买日即为起息日。兑付时按实际持有天数、按相应档次利率计付利息（利息计算到到期时兑付期的最后一日）。

（3）记账式国债的购买。

记账式国债可以到证券公司和试点商业银行柜台买卖。试点商业银行包括中国工商银行、中国农业银行、中国银行、中国建设银行、招商银行、北京银行和南京银行在全国已经开通国债柜台交易系统的分支机构。

① 柜台记账式国债。柜台记账式国债是指通过银行购买柜台记账式国债。投资者开通网上银行账户，直接进入银行网页，输入自己的账号和密码。这样，在交易时间内就可以自由交易了。

② 投资者也可以在交易所开立证券账户或国债专用账户，并委托证券机构代理购买记账式国债。投资者必须拥有证券交易所的证券账户，并在证券经营机构开立资金账户，才能购买记账式国债。

二者的区别：柜台记账式国债不收交易费用，通常证券公司的交易费用大约是交易金额的0.1% ~ 0.3%（含佣金等）。柜台记账式国债没有交易佣金，但投资者买入全价通常低于卖出全价，如果短线买入再卖出则可能会浮亏，因为柜台记账式国债实际上是投资者和银行之间进行交易，买时价格通常高一点，卖给银行时则稍微低一点，虽然没有交易费用，但投资者如果当天买进卖出，银行会赚取差价，这相当于交易成本。

通过证券公司系统买卖记账式国债，跟买卖股票一样，在委托系统内输入要购买的国债代码、交易数量和价格，然后下单就可以了。一般在开户后，证券公司和柜台银行会为投资者提供详细的操作手册。

6.1.5 偿还

6.1.5.1 偿还方式

（1）分期逐步偿还法。分期逐步偿还法，即对一种国债规定几个还本期，直到国债到期时，本金全部偿清。

（2）抽签轮次偿还法。抽签轮次偿还法，即通过定期按国债号码抽签对号以确定偿还一定比例的国债，直到偿还期结束，全部国债皆中签偿清。

（3）到期一次偿还法。到期一次偿还法，即在国债到期日按票面额一次全部偿清。

（4）市场购销偿还法。市场购销偿还法，即从证券市场上买回国债，以至期满时，该种国债已全部为政府所持有。

（5）以新替旧偿还法。以新替旧偿还法，即通过发行新国债来兑换到期的旧国债。

6.1.5.2 资金来源

① 通过预算列支。政府将每年的国债偿还数额作为财政支出的一个项目列入当年支出预算，由正常的财政收入保证国债的偿还。

② 动用财政盈余。当预算执行结果有盈余时，动用这种盈余来偿付当年到期国债的本息。

③ 设立偿债基金。政府预算设置专项基金用于偿还国债，每年从财政收入中拨付专款设立基金，专门用于偿还国债。

④ 借新债还旧债。政府发行新债券，作为还旧债的资金来源，实质是债务期限的延长。

6.2　公司债券

公司债券是股份公司为筹措资金以发行债券的方式向社会公众募集资金的工具，表明公司债权的证券称为公司债券。发行公司债券仅限于股份公司，募集对象为不特定的社会公众。发行公司债须由董事会做出决定并制作募债说明书报主管机关批准。公司债有规定的格式，应编号并在背面注明发行的相关事项。

6.2.1　公司债券的发行条件

（1）企业性质。公司债券的发行公司多为公司制企业。

（2）规模。现由于申报企业多，公司净资产应在 15 亿元以上。

（3）盈利。2007 年前三个会计年度实现的年均可分配利润不少于公司债券一年的利息。

（4）评级。经资信评级机构评级，债券信用级别良好。

（5）募集资金投向。由公司根据经营需要确定，筹集资金可用于固定资产投资、技术更新改造、调整公司负债结构、偿还银行贷款、补充流动资金、支持公司并购和资产重组等。

（6）担保。发债企业需由金融机构或上级母公司（主要投资主体）提供担保。

6.2.2 公司债券的优势

（1）利率、发行费用低。

利率较同期银行贷款低约2%。发行费用主要包括保荐及承销费用、审计师费用、律师费用、资信评级费用、发行推介费用、信息披露费用等。从已发行的公司债券来看，发行费用一般不超过筹资金额的2%（每年均摊0.2%左右）。

（2）期限长。公司债期限为5~10年。

（3）发行额度大。发行额度为净资产的40%，最高可上百亿元。

（4）提升企业知名度。提升企业形象及知名度，为企业开辟了低成本的融资渠道。

6.2.3 公司债券的特点

（1）有利于提高资本市场融资效率，稳定资本市场。在其他投融资渠道的收益难以保障时，债券市场由于其稳健的投融资功能吸引了大量投资者，为企业和政府提供了债券融资的基础，一定程度上抑制了经济的放缓或衰退。发展债券融资对于解决资本市场过于单一的问题，保证资本市场的均衡发展是十分必要的。

（2）公司债券的发行丰富了金融投资工具，降低了市场风险。公司债券作为一种固定收益证券，其风险和收益水平介于股票和国债、政策性金融债之间，为机构投资者提供了较好的投资工具。短期融资债券和企业债券的投资者众多，风险责任分散，从而降低了风险集中性，有利于金融市场的稳定。

（3）公司债券还有利于改善企业资本结构。对于一个典型的股份公司而言，假定融资方式只有股票和债券两种，那么其股票和债务所占的比重构成企业的资本结构。在给定企业投资决策的情况下，企业的融资政策就是选择能使企业的市场价值最大化的资本结构，因此，在二者之间做出抉择有举足轻重的影响。

（4）公司债券有助于优化企业治理结构。

公司债券融资会对经理层产生较强的监督和约束作用。一方面，公司履行还本付息的法定义务会激励管理层努力工作，追求企业利润的最大化；另一方面，由于投资者会基于自身利益来选择投资行为，因此在一定程度上对发债公司的公司治理结构有了更高的要求。

总体来说，公司债券作为健全的资本市场中的重要组成部分，对于中国资本市场的健康成长和企业自身治理结构完善、现代企业制度建设有着相当重大的实际意义，其发展必将为中国资本市场的建设完善做出巨大的贡献。

6.2.4　公司债券的分类

（1）按是否记名划分。

① 记名公司债券。记名公司债券，在券面上登记持有人姓名，支取本息时要凭印鉴领取，转让时必须背书并到债券发行公司登记。

② 不记名公司债券。不记名公司债券，券面上不载明持有人姓名，还本付息及流通转让仅以债券为凭，无须登记。

（2）按持有人是否参加公司利润分配划分。

① 参加公司债券。参加公司债券，是指除了可按预先约定获得利息收入外，还可在一定程度上参加公司利润分配的公司债。

② 非参加公司债券。非参加公司债券，指持有人只能按照事先约定的利率获得利息的公司债券。

（3）按是否可提前赎回划分。

① 可提前赎回公司债券。即发行公司在债券到期前购回其发行的全部或部分债券。

② 不可提前赎回公司债券。即只能一次到期还本付息的公司债券。

（4）按发行债券的目的划分。

① 普通公司债券。普通公司债券，即以固定利率、固定期限为特征的公司债券。这是公司债券的主要形式，目的在于为扩大公司生产规模

提供资金来源。

② 改组公司债券。改组公司债券，是指为清理公司债务而发行的债券，也称以新换旧债券。

③ 利息公司债券。利息公司债券，也称为调整公司债券，是指面临债务、信用危机的公司经债权人同意而发行的较低利率的新债券，用以换回原来发行的较高利率债券。

④ 延期公司债券。延期公司债券，是指公司在已发行债券到期无力支付，又不能发新债还旧债的情况下，在征得债权人同意后可延长偿还期限的公司债券。

（5）按发行人是否给予持有人选择权划分。附有选择权的公司债券，指在一些公司债券的发行中，发行人给予持有人一定的选择权，如附有赎回选择权条款的债券、附有出售选择权条款的债券、附有可转换选择权条款的债券和附有交换选择权条款的债券。附有赎回选择权条款的债券，债券发行人具有在到期日之前买回全部或部分债券的权利（主动权掌握在债券发行人手中）；附有出售选择权条款的债券，债券持有人具有在指定日期内以票面价值将债券卖回给债券发行人的权利（主动权掌握在债券持有人手中）；附有可转换选择权条款的债券，债券持有人具有按约定将债券转换成发行公司普通股股票的选择权；附有交换选择权条款的债券，债券持有人具有按约定条件将债券与债券发行公司以外的其他公司的普通股票交换的选择权。

（6）按债券利率在偿还期内是否变化划分。利率债主要是指国债、地方政府债券、政策性金融债和央行票据。根据债券利率在偿还期内是否变化，可将利率债区分为固定利率债券和浮动利率债券。

① 固定利率债券。固定利率债券（Fixed Rate Bond）是指在发行时规定利率在整个偿还期内不变的债券。固定利率债券不考虑市场变化因素，因此其筹资成本和投资收益可以事先预计，不确定性较小，但债券发行人和投资者仍然必须承担市场利率波动的风险。如果未来市场利率下降，发行人能以更低的利率发行新债券，则原来发行的债券成本就显得相对高昂，而投资者则获得了相对现行市场利率更高的报酬，原来发行的债

券价格将上升。反之，如果未来市场利率上升，新发行债券的成本增大，则原来发行的债券成本就显得相对较低，而投资者的报酬则低于购买新债券的收益，原来发行的债券价格将降低。

固定利率债券是具有固定利率、固定利息息票和固定到期日的债券。债券代理机构通常按照规定向息票持有人支付利息，并于到期日向债券持有人偿付本金。固定利率债券是国际债券的传统类型，也是国际债券融资中采用最多的典型形式。

固定利息债券通常在市场利率相对稳定的条件下发行，当市场利率不断发生较大变化时，其将会给债券发行人或债券投资人带来风险，影响债券的发行条件和发行效果。20 世纪 80 年代后，欧洲债券市场上开始出现了一些固定利率债券的变型，其中最典型的为可撤销债券（Retractable Bond）。此种债券将债券期限分为若干期，发行时仅固定第一期利率，其后每期均另确定利率，以此来克服固定利息债券自身的缺陷。

② 浮动利率债。浮动利率债是指发行时规定债券利率随市场利率定期浮动的债券，即，债券利率在偿还期内可以进行变动和调整。浮动利率债券往往是中长期债券。浮动利率债券的利率通常根据市场基准利率加上一定的利差来确定。由于债券利率随市场利率浮动，因此采取浮动利率债券形式可以避免债券的实际收益率与市场收益率之间出现任何重大差异，使发行人的成本和投资者的收益与市场变动趋势相一致。另外，债券利率的这种浮动性也使发行人的实际成本和投资者的实际收益事前带有很大的不确定性，从而导致较高风险的发生。

浮动利率债券的种类较多，如规定有利率浮动上、下限的浮动利率债券，规定利率到达指定水平时可以自动转换成固定利率债券的浮动利率债券，附有选择权的浮动利率债券以及在偿还期的一段时间内实行固定利率，另一段时间内实行浮动利率的混合利率债券等。

6.2.5 市场现状

中国债券市场的发展相对于股票市场一直较缓慢，债券市场规模小，市场化程度低，发行和交易市场割裂。但是近两年中国债券市场发展迅猛，截至2018年年末，中国债券市场余额达86.39万亿元，位居世界第三。中国债券市场除了规模不断发展壮大之外，类型也在不断丰富，目前我国银行间债券市场的投资者已经接近2.5万家，其中法人机构3 000家。银行间金融机构和集合类投资者从债券持有的结构来看，其持债规模占银行间债券市场的90%以上。截至2018年年底，境外投资者持有的债券占比是2.3%，而境外投资者持有的国债占比是8.1%。

中国人民银行一直致力于推进中国债券市场的制度建设。在债券市场的发行和信用评级的制度安排上，一直建立以信息披露为核心的债券的发行管理，严格信息披露的要求，要求发行人必须按照真实、准确、完整、即时的原则，严格履行信息披露的规定。规范发展信用评级，提高信用评级行业整体的公信力，加强对评级机构的监督管理，建立评级机构优胜劣汰的准入、退出机制，发展投资人付费模式的评级机构，鼓励投资者内部评级，逐步减弱监管部门对外部信用评级的依赖。

6.2.6 公司债券投资注意事项

第一，个人要投资公司债券。首先要在证券营业网点开设证券账户。等公司债正式发行的时候，就可以像买卖股票那样买卖公司债券，只是交易最低限额是1 000元。公司债券的发行，采用网上发行和网下发行相结合的方式。网上发行是将一定比例的公司债券，按确定的发行价格和利率，通过上海证券交易所竞价交易系统面向社会公众公开发行。认购资金必须在认购前足额存入证券账户。

就二级市场交易而言，个人投资者只能在竞价交易系统中进行公司债买卖。每个交易日，9时15分至9时25分为竞价系统开盘集合竞价时间，9时30分至11时30分、13时至15时为连续竞价时间。公司债券现券当日买入当日卖出，即实行“T+0”交易制度。

深圳证券交易所对专项资产管理计划收益权份额协议交易也实行当日回转交易。证券的回转交易是指投资者买入的证券，经确认成交后，在交收完成前全部或部分卖出，“T+1”日进行差额清算。根据我国现行有关交易制度规定，债券和权证实行当日回转交易，即投资者可以在交易日的任何营业时间内反向卖出已买入但未完成交收的债券和权证。

目前，债券交易所的交易制度与结算制度为“T+1”“DVP”与“非DVP”。“T+1”是一种股票交易制度，即当日买进的股票，要到下一个交易日才能卖出。“T+1”中的“T”是指交易登记日，“T+1”指的是交易登记日的第二天。“DVP”是银行间债券市场交易的一种结算方式，称为“券款对付”“券款对付”，即 DVP（Delivery Versus Payment，结算），是指债券交易达成后，在双方指定的结算日，债券和资金同步进行相对交收并互为交割条件的一种结算方式。国际证券服务协会（International Securities Service Association，ISSA）将 DVP 定义为：银货对付结果是实时同步的、最终的且不可撤销的。

第二，从资产情况选公司债券。对于公司债券这一新生品种而言，除了年期、票面利率等方面需要关注外，还要关注公司的到期偿付能力。一般来讲，发债公司的主营业务利润率和净资产收益率均明显高于行业平均水平，拥有较强融资能力等要素，成为公司债到期偿付的关键。

6.3　企 业 债 券

6.3.1　认识企业债券

企业债券的违约风险比国债要大，当然要有高收益作为补偿，因此企业债券的票面利率通常比国债高，有不少能达到 6%，有的甚至高达 8%。绝大多数企业债券的票面利率在债券发行公告中可以查到。比如，以 100 元 / 张的价格投资 10 张 6 年期票面利率为 5% 的企业债券，企业派送 5% 利息，还要扣除 20% 的利息税（国债利息免税），每年派息日账户会收到 40 元利息。6 年到期后，如果不出现违约，企业会将 10 张债券的本金 1 000 元交还投资者，即，投资该债券每年的收益率为 4%。目前为止，国内企业债出现违约的案例寥寥无几。

6.3.2　企业债交易特点

企业债交易有四个明显特点：第一，可以通过证券账户进行交易；第二，“T+0”交易，买入后当天就能卖出；第三，一张债券的面值为 100 元，最小交易单位为 1 手，即 10 张债券；第四，没有印花税，默认交易手续费为 0.02%，而且还能与券商讨价还价。

交易时间内，在证券账户中单击“买入”，在“证券代码”栏中输入债券代码，如“112196”（13 苏宁债），净价 104.000 元，全价 107.770 元，利息 3.770 元。债券的交易特点：净价交易，全价结算。全价等于净价加上利息。债券每年只在派息日派一次利息，非派息日买债券，利息记在账上。上文“13 苏宁债”的净价 104.000 元，就是面值 100 元的债券交易价，利息 3.77 元就是每天都在增长的利息，利息在派息日派送后归零并重新开始每天增长，因此，按净价买入债券，必须同时买入利息，真正的交易价是“净价 + 利息”。投资者持有债券期间，利息每天都按票面利率增长；卖出债券时，接手的下家也同样要按全价支付。此时，投资收益等于净价差加上持有期间利息。

个人购买企业债，其利息收益要交 20% 的利息税，在派息日当天扣除，所以投资者实际收到的利息是票面利率的 80%，但买入时支付的却是 100% 利息价格。临近派息日时，为了避税，持有者会卖出债券从而导致其净价下跌，派完息后再买入，又使其净价上涨，所以，投资者在派息日前一个月就可以未雨绸缪，选择净价较高时抛售债券，待派息后再买回。

6.3.3 企业债券的收益

到期收益率（Yield to Maturity，YTM）又称最终收益率，是计量企业债券收益的主要指标。

企业债券有定时价值回归的特性，只要不出现违约，到期必定还本付息，因此企业债券的确定性比股票高得多，是低风险投资。即使债券净价下跌，但每天有利息，完全可以等待其净价反弹，若实在不行，则持有到期后至少不会亏损本钱。

企业债券的最终收益率如何计算？以“13 苏宁债”为例简要说明。该债券的票面利率为 5.95%，按面值 100 元投资，1 年后能得到 100×5.95%×80%=4.76（元）利息（扣除利息税 20%），但这只是税后票面利息。“13 苏宁债”2019 年 11 月 13 日到期，假设还能持有 4.63 年，真正买入价是当时的全价 107.77 元，最后能得到 100 元本金与 5 次利息，即 100+100×5.95%×80%×5=123.8（元），利润 =123.8−107.77=16.03（元），年化税后收益率 =16.03÷107.77÷4.63×100%=3.21%。这才是现价投资“13 苏宁债”的真正收益率。这个实际年化税后收益率就是到期收益率（YTM）。

YTM=（100+100×票面利率×待派息次数×80%−全价）÷全价÷剩余年数×100%

注意，待派息次数和剩余年数不一样，如债券还有 4 年 6 个月到期，剩余年数为 4.5 年，但待派息次数还有 5 次。

6.3.4 企业债券的风险

（1）违约风险。违约风险也称信用风险，是指债券发行者由于无法履行合约，致使债券因无法按期支付利息和偿还本金而产生的风险。债券投资最大的风险就是违约。企业经营状况不佳时无法还本付息，只能违约，投资者血本无归。虽然目前国内的企业债很少违约，但国际市场上企业债券违约的案例层出不穷。企业债券一旦出现违约风险，有时价格会迅速下跌，有些投资者会抵御不住低价的诱惑而买入，这种债券坚决不碰，因为投资债券的初衷是低风险、低收益，若想追求高风险、高收益，则完全可以选择更合适的品种进行投资。

专门的金融机构会对每只债券进行评级，以此来提示违约风险的大小。债券的信用评级越高，安全性也相对会越高。债券评级标准见表 6.1。

表 6.1　债券评级标准

信用评级	违约概率 /%
AAA/AA–	0.005
A+、A、A–	0.04
BBB+、BBB	0.13
BBB–	0.33
BB+	0.58
BB	0.86
BB–	1.68
B+	3.98
B	7.31
B–	11.01
CCC/C	56.5

（2）流动性风险。流动性风险，是指投资者出售债券获取现金时，无法立刻按当前市场价成交而形成的风险，又称“变现能力风险”。市场上有不少债券成交量非常小，买入时要支付比市场价更高的价格，而卖出时则要接受比市场价更低的价格。如果能迅速按市场价大量交易，那么说明该债券流动性强；反之则说明流动性差，投资者会因此遭受损失。

（3）政策风险。政策风险，是指由于国家政策变化导致的风险。比如，若购买债券时政府不征收利息税，而持有后政府又规定征收利息税，则就会使预期投资收益率下降。

（4）通货膨胀风险。通货膨胀风险，是指发生通货膨胀时货币会贬值，而债券承诺支付的利息是事先约定的，由此导致利息相对贬值的风险。

（5）利率风险。利率风险，是指市场利率变动导致债券价格发生变动的风险。利率风险与债券剩余期限的长短密切相关，期限越长风险就越大。

6.3.5　企业债券的特点

（1）利率与 YTM。投资债券要盈利只有两种方法：一是持有债券到期，连本带利收回；二是在净价上做差价。持有到期的债券只要没有违约风险，YTM 高必定投资收益率大。在净价上做差价就有难度了，打开债券行情走势图会发现，通常情况下债券的波动性非常小，与股票不可同日而语，利率变动期会有脉冲式波动。

比如，目前市场的无风险利率是 3%，以 5 年期国债收益率为标准，那么企业债券的 YTM 必然要稍高于 3%，否则没有投资价值。

假设国家改变货币政策，将 5 年期国债利率下调至 2%（即降息），企业债券的 YTM 也会下跌至 3% 左右，但企业债券的票面利率开始时就固定了。再看 YTM 的公式：YTM=（100+100× 票面利率 × 待派息次数 ×80%– 全价）÷ 全价 ÷ 剩余年数 ×100%。公式涉及的元素中只有全价可以变动（全价 = 净价 + 利息），利息由票面利率决定也无法变动，所以基准利率下降，导致企业债券 YTM 下跌，最后债券净价上涨。具体计算过程为：6 年期票面利率为 5% 的企业债券全价 100 元（净价为 100 元，利息为 0），则 YTM 为 4%；假如现在 YTM 降为 3%，代入 YTM 公式中，计算出全价为 106 元，利息为 0，净价为 106 元。反之，若基准利率上升，则净价下跌。

绝大多数债券有固定票面利率，当基准利率上升并超过票面利率时，投资者就不愿意购买，导致债券需求下降，从而引起价格下跌。反之，当基准利率低于票面利率，投资者会争相购买，致使债券需求量上升，引起净价上涨。债券净价的涨跌起到平衡作用，将债券的 YTM 维持在比市场无风险利率略高的水平上。如果投资债券想获取净价差，那么可在基准利率高时买入剩余年数较长、YTM 较高的企业债券。

（2）利息避税。投资者购买企业债券后，若要获得更大收益，则必须合理避税。前文提到过简单的避税方法，即派息日前提前卖出，除息日后再买回。至于提前的时间点，可以是一两个月，也可以是一两天，但越临近派息日风险越大。

如果资金量较大，可以通过机构代持方式利用大宗交易来避税。代持是指在派息日前将债券卖给机构，机构代为持有债券，派息日后再卖还。交易通过大宗交易平台进行，有最低交易量的门槛。上海证券交易所单笔 10 000 张债券起（面值有 100 元、200 元、1 000 元等，具体视发行商而定）；深圳证券交易所单笔 5 000 张起。机构提供服务也会收取一定费用。

（3）代持过程。

① 派息日前个人与机构签订债券交易协议，约定这笔大宗交易的日期、品种、数量和价格；

② 在派息日前约定的卖出日，收市前必须保证债券的可用数量要大于或等于签约数量，否则无法交易，收市后就会发现签约数量的债券不见了，但卖出债券获得的资金在第二天才能到账；

③ 在派息日过后的约定买回日，收市前账户中必须有足够资金买回债券，注意要把交易交易佣金和机构代持费考虑进来，否则资金不够交易也会失败，收市后会看到债券又回来了，当然钱也就有了。

整个交易过程不需要投资者亲自操作，只要在约定时间保证有足够债券或资金在账户中就行，然后再计算大宗交易的成本：一买一卖佣金共 0.02%，机构收取 0.1 ~ 0.2 元 / 张的代持费，而且还要收取每天增长的利息——0.014 元 / 张，因此每张债券的总交易成本为 0.15 ~ 0.25 元 / 张。机构收益包括代持费和持有期的利息。那么到哪里去找代持机构？有些券商本身就是代持机构，或者另外找别的机构，有些个人投资者为避税专门开通机构账户，顺便做代持机构，赚点外快。

（4）回售选择权。

只要没有违约风险，计算出债券的 YTM，就能确定持有到期收益率。如果想获得更多收益，那么必须考虑净价差。影响净价波动最主要的因素是市场无风险利率变动与久期长短。债券的久期，也称“持续期”，用来衡量债券的利率风险。市场利率大幅变化时，债券久期越长，净价波动越大。最理想的投资是持有降息过程中久期较长的债券，可以提前获得更高的净价差收益。反过来，如果加息期投资久期短的债券，则净价下跌幅度必然最小。

为迎合投资者的需求，“回售选择权”应运而生。回售选择权指债券还没到期，但到了某个约定时间点，投资者有权将债券以 100 元的价格卖还给企业。久期为“X+Y”的债券，“X”是回售时间，“Y”是到期时间。如果利率上升，债券净价跌破 100 元，可以在 X 时间点就将债券卖还给企业，提前收回资金；如果利率下降，债券净价涨过 100 元，可以放弃回售权继续持有，享受净价上涨带来的收益。债券发行公告中可查询是否带有回售权，有些企业债为避免投资者到期回售，在回售时间点之前宣布上调剩余 Y 时间段的票面利率，希望持有者放弃回售选择权。

【思考题】

如果投资企业债券想赚净价差，该如何操作?

解析：在基准利率高时买入剩余年数较长、YTM 较高的企业债券。

6.3.6　企业债券的投资方法

（1）选择企业债券。挑选企业债前可以去专门的债券行情网站进行信息收集，想了解每只债券的详细情况可以查看发行公告。企业债券的 YTM 越高，投资收益率越好，关键是要排除违约风险。

（2）评级和折算率。债券评级越高相对就越安全，建议选择信用等级为 AA 及以上的债券。债券的评级结果是动态的，若企业经营不佳，则债券的评级会下调，债券价格就会暴跌，投资者要坚决回避评级下调的债券。国际机构的评级更客观。

（3）折算率。正回购就是将债券抵押出去，在资本市场上借钱。但不是所有债券都可以抵押，拥有正回购资格的债券折算后能借来的资金量也不一样，债券折算率越高，质量就越好。国债安全性最高折算率都在90%以上，企业债券的折算率要低于国债。

（4）业绩保证。若企业连续2年亏损，则交易所会将债券停牌，并在7个交易日（深圳证券交易所是15个交易日）内决定是否暂停其上市交易。一旦某只债券公告将暂停交易，价格就会马上暴跌。这是投资债券最大的风险。建议投资者要么投资超大型国企的债券，要么投资过去5年平均净利润大于每年债券利息支出额的3倍的企业债券。

（5）抵押担保。有抵押的债券安全边际更高，不至于血本无归，但要注意抵押物的质量，有些抵押物根本不值钱，甚至还有两只债券互相担保抵押的。上市公司发行的担保债券，最好由银行等金融机构提供担保。

（6）流动性。排除违约和流动性风险后，所有债券在同一条起跑线上，只要看哪只债券的YTM更高就行，但在投资债券之前必须亲自计算YTM，不能完全相信各个网站上提供的数据。在保证流动性和YTM的前提下，应尽可能选择投资带回售选择权的债券。不要将鸡蛋放在同一个篮子里，最好分散投资3～5只（或5只以上）债券。

6.3.7 企业债券的交易技巧

通常，市场无风险利率为3%～6%，那么投资企业债券相应的YTM应为5%～8%。投资者有YTM保底，还可以通过“骑乘效应”博取净价差，或利用杠杆争取获得10%以上的年化收益率。YTM沿着收益率曲线下滑而带来的收益被称为“骑乘效应”。

企业债久期通常为5～6年，大部分债券投资者带有定期存款的思维定式，如准备投资两年，投资者就只选择久期在两年内的企业债券。由于投资者都抢购久期较短的债券，导致其净价上涨，结果久期越短的债券 YTM 越低。

小资金的避税方法除了“派息日前卖出，除息日后买回”外，还能通过“骑乘效应”在两只相似的债券之间切换，具体方法为：首先，列出债券清单，将备选债券放入其中；其次，债券 A 在快接近派息日时卖出，再买入清单中的债券。如持有债券 A 期间，有 YTM 更高的新债券 B 上市，抛售债券 A 买入新债券 B。也可持有债券 A，等待债券 B 除息后，将债券 A 换成除息后的债券 B，因为刚除息的债券 YTM 更高，此时全价几乎等于净价。

【思考题】

两年内到期债券的 YTM 仅 3% 左右，而不少久期较长债券的 YTM 超过 5%，可是闲置资金只有两年时间可供投资，怎么办？

解析：持有债券期间久期会逐渐缩短，其 YTM 沿着收益率曲线下滑而带来的收益被称为“骑乘效应”，因此，充分利用“骑乘效应”，可投资久期 3 ~ 4 年的债券，获取利润最丰厚的一段，然后抛给那些偏好久期短的投资者，获取相对稳定和较高的收益，并规避可能存在的债券违约风险。

比如，债券 A 还有 4 年到期，目前 YTM 为 5%，持有 2 年后久期还剩 2 年，投资者都喜欢买入持久期短的债券，则净价上涨，YTM 变成 3%。此时，可卖出再换入久期为 3 ~ 4 年的债券 B。计算债券 A 的收益率：持有两年的收益率为 5% × 2=10%，还剩余两年（5%–3%）× 2=4%，则年化收益率 =（10%+4%）÷ 2=7%。这就是“骑乘效应”的实际应用，而且，债券不持有到期还能规避违约风险。当然，这种操作也有相对风险，那就是加息，但其实持有到期也同样无法避免加息风险的发生。

自 学 指 导

债券投资相对于其他投资方式而言，是风险低、收益还行且流动性较好的投资品种。它是由政府、金融机构或工商企业直接向投资者发行，并承诺按约定偿还本金和支付利息的金融契约凭证。

本章学习的目的和要求：一是掌握债券的含义和类型；二是明白不同债券的运行方式；三是树立正确的债券投资观。

本章学习的重点和难点：一是债券的类型及投资回报的计算；二是熟悉债券运行方式；三是思考如何进行债券投资。

债券投资专题测试

一、单选题（请为每个小题选择一个最佳答案）

1. 平衡财政收支的方法不包括（　　）。

A. 征加税收

B. 增发通货

C. 发行国债

D. 发行股票

2. 定期国债按还债期长短分类中不包括（　　）。

A. 短期国债

B. 中期国债

C. 长期国债

D. 不定期国债

3. 国债按使用用途分类不包括（　　）。

A. 赤字国债

B. 自由国债

C．建设债券

D．战争债券

4．假设投资者以 101 元买入某债券，该债券收盘价格为 103 元，债券的面值为 100 元，则债券的溢折价是（　　）元。

A．2

B．1

C．3

D．无

5．交易所的交易制度与结算制度是（　　）。

A．“T+1”“DVP”与“非 DVP”

B．“T+0”“DVP”与“非 DVP”

C．“T+1”与“T+0”“DVP”

D．“T+1”与“T+0”“DVP”与“非 DVP”

6．无记名国债属于（　　）。

A．实物债券

B．记账式债券

C．凭证式债券

D．短期债券

7．1981—1994 年，我国面向个人发行的国债只有一种，其名称是（　　）。

A．记名国债

B．无记名国债

C．凭证式国债

D．记账式国债

8．债券与股票的相同点表现在（　　）。

A．二者风险相同

B．二者的收益率相互影响

C．二者权利相同

D．二者期限相同

9．债券持有人具有按约定条件购买债券发行公司新发行的普通股票的选择权的是（　　）。

A．附有赎回选择权条款的债券

B．附有出售选择权条款的债券

C．附有可转换选择权条款的债券

D．附有交换选择权条款的债券

10．债券一般有规定的偿还期，期满时债务人必须按时归还本金，因此债券是一种（　　）。

A．永久投资

B．有期投资

C．无期投资

D．短期投资

二、填空题（请将正确答案在 ___上写出来）

1．国债发行价格有_______、_______、_______三种方式。

2．按债券的流动性划分，可以分为________和________。

三、多选题（请为每个小题选择最佳答案，正确答案至少有两项）

1．发行国债的目的有（　　）。

A．筹措军费

B．平衡财政收支

C．筹集建设资金

D．换借国债

2．国债按偿还期限可分为（　　）。

A．定期国债

B．不定期国债

C．短期国债

D．长期国债

3．国债按使用用途可分为（　　）。

A．赤字国债

B．自由国债

C．特种国债

D．强制国债

4．国债按流动性可分为（　　）。

A．自由国债

B．强制国债

C．可流通国债

D．不可流通国债

5．以下是国债投资逻辑的有（　　）。

A．风险较小

B．供给稳定

C．有利于开展回购

D．实现收益可观

6．政策性银行债的发行银行有（　　）。

A．国家开发银行

B．中国农业发展银行

C．中国进出口银行

D．中国建设银行

7．公司债的优势包括（　　）。

A．利率、费用低

B．期限短

C．发行额度大

D．提升企业形象

8．以下属于利率债的有（　　）。

A．国债

B．地方政府债券

C．政策性金融债

D．央行票据

9．发行普通公司债券的目的不包括（　　）。

A．为公司扩大生产规模提供资金来源

B. 经理公司债务而发行的

C. 用以换回原来发行的较高利率债券

D. 延长公司偿还期限

10. 公司债券的特点包括（　　）。

A. 有利于提高资本市场融资效率，稳定资本市场。

B. 丰富了金融投资工具，降低了市场风险。

C. 有助于优化企业治理结构。

D. 有助于提升企业形象及知名度。

四、判断题（判断正误，正确的选项请打√，不正确的选项请打×）

1. 赤字国债是指用于弥补财政赤字的国债。在实行复式预算制度的国家，纳入经常预算的国债属赤字国债。（　　）

2. 国家内债是指在国内发行的国债，其债权人都是本国公民、法人或其他组织，还本付息均以本国货币支付。（　　）

3. 企业发行的债券具有可能流通和转让。（　　）

4. 溢价发行，即发行价格高于债券票面金额。债券到期时，国家按发行价格还本付息。（　　）

5. 市场购销偿还法，即从证券市场上买回国债，以至期满时，该种国债已全部被政府所持有。（　　）

6. 政府预算设置专项基金用于偿还国债，每年从财政收入中拨付专款设立基金，专门用于偿还国债。（　　）

7. 发债企业需由金融机构或上级母公司（主要投资主体）提供担保。（　　）

8. 发行者司在债券到期前不可以购回其发行的全部或部分债券。（　　）

9. 企业债券发行额度为净资产的50%，最高可达几亿元、几十亿元甚至上百亿元。（　　）

10. 回转交易指当日买入的证券当日可以卖出，“T+1”日进行差额清算。（　　）

五、简答题（简要回答下列问题）

1. 什么是债券?

2. 简述债券面值。

3. 简述付息期。

4. 简述企业（公司）债券。

六、计算题（完成下列各题的计算，需要计算的，请写出计算过程）

1. 表 6.2 为 ×× 债券的计息要素，2009 年 06 月 17 日对该债券计息，假设该债券持仓数量 60 500 张，请分别计算每 100 元含息、利息总额以及当日的利息科目余额，填写在表内。（需写清楚计算公式，并按要求保留小数位）

表 6.2　××债券的计息要素

计算日	2009-06-17
计息起始日	2008-08-21
计息截止日	2013-08-20
下一付息日	2009-08-20
票面利率	1.5
付息频率	1
计息方式	按实际天数方式付息，且按 365 天计算
每百元含息	（实际计息天数为 301 天）
利息总额	
利息科目余额	74 589.04 元
当日的应收利息	

2. 基金 A 购入 XX 可转换公司债券，为全价交易品种。成交价格为 124.00 元，成交数量为 1 000 手，每 100 元应收利息为 2 元。请分别计算所需缴纳的成本和利息。

专题 7　保　　险

素材一

7.1　保险的定义

7.1.1　保险的前世今生

公元前 916 年，在地中海的罗德岛上，国王为了保证海上贸易的正常进行，制定了《罗地安海商法》，规定如果某位货主遭受损失，损失由包括船主、所有该船货物的货主在内的受益人共同分担。这是海上保险的滥觞。

公元前 264 年—公元前 146 年，布匿战争期间，古罗马人为了解决军事运输问题，收取商人 24%~36% 的费用作为后备基金，以补偿船货损失。这是海上保险的起源。

公元前 133 年，在古罗马成立的各雷基亚（共济组织），向加入该组织的人收取 100 阿司和一瓶敬人的清酒。另外，每个月每人收取 5 阿司，积累起来成为公积金，作为丧葬的补助费。这是人寿保险的萌芽。

到中世纪，意大利出现了冒险借贷，其利息类似于今天的保险费，但因其高额利息被教会禁止而衰落。1384 年，比萨出现世界上第一张保险单，现代保险制度从此诞生。

保险从萌芽时期的互助形式逐渐发展成冒险借贷，然后逐步发展到海上保险合约，发展到海上保险、火灾保险、人寿保险和其他保险，并逐渐发展成为现代保险。

7.1.2 保险的含义

保险，是指投保人根据合同约定，向保险人支付保险费，保险人对于因合同约定的可能发生的事故发生所造成的财产损失承担赔偿保险金责任，或者当被保险人死亡、伤残、疾病或者达到合同约定的年龄、期限等条件时承担给付保险金责任的商业保险行为。

保险是以契约形式确立双方经济关系，以缴纳保险费建立起保险基金，对保险合同规定范围内的灾害事故所造成的损失，进行经济补偿或给付的一种经济形式。

保险交易要在保险市场进行。保险市场是指保险商品交换关系的总和或保险商品供给与需求关系的总和。保险市场的交易对象是保险人为消费者所面临的风险提供的各种保险保障及其他保险服务，即各类保险商品。

保险属于经济范畴。这句话所揭示的是保险的属性，是保险本质性的东西。

从本质上讲，保险体现的是一种经济关系，表现在：（1）保险人与被保险人的商品交换关系；（2）保险人与被保险人之间的收入再分配关系。

从经济角度来看，保险是一种损失分摊方法，以多数单位和个人缴纳保费建立保险基金，使少数成员的损失由全体被保险人分担。

从法律意义上说，保险是一种合同行为，即通过签订保险合同，明确双方当事人的权利与义务。被保险人以缴纳保费获取保险合同规定范围内的赔偿，保险人则有收受保费的权利和提供赔偿的义务。

由此可见，保险乃是经济关系与法律关系的统一。

保险要素指构成保险关系的主要因素。保险要素的主要指保险人、投保人、被保险人、保险标的及可保风险。若要弄清保险，则必须了解保险人、投保人、被保险人、受益人、保单所有人的含义。

（1）保险人。保险人又称“承保人”，是指与投保人订立保险合同，并承担赔偿或者给付保险金责任的保险公司。保险人是法人，公民个人不能作为保险人。

（2）投保人。投保人是指与保险人订立保险合同，并按照保险合同负有支付保险费义务的人。投保人可以是自然人，也可以是法人，但必须具有民事行为能力。

（3）被保险人。被保险人是指根据保险合同，其财产利益或人身受保险合同保障，在保险事故发生后，享有保险金请求权的人。投保人往往就是被保险人。

（4）受益人。受益人是指人身保险合同中由被保险人或者投保人指定的享有保险金请求权的人。投保人、被保险人可以为受益人。如果投保人或被保险人未指定受益人，则他的法定继承人即为受益人。

（5）保单所有人。保单所有人指拥有保险利益所有权的人，很多时候就是投保人、受益人，也可以是保单受让人。

保单合同争议处理的方法有协商、调解、仲裁和诉讼。

7.1.3 保险的特征

（1）保险的互助性。“一人为众，众为一人”。保险是不幸的人与幸运的人之间的中介；将不幸的人所面临的不幸分摊到其他幸运的人身上，形成一种经济互助关系。这种经济互助关系通过保险人用多数幸运的投保人所交纳的保费向少数不幸的被保险人提供补偿或给付的方式实现，但是，互助不是保险的首要目的，而是其手段，即，保险并非为了互助而互助，而是通过互助这种方式实现保障的首要目的。

（2）保险的合同性。首先，保险是一种合同行为，这是保险的法律性。其次，保险是依法按照合同的形式体现其存在的。保险双方当事人要依据保险合同建立保险关系，履行权利和义务。再次，保险合同是民事合同，是投保人与保险人约定保险权利义务关系的协议，必须遵守民法。最后，保险合同是合同行为，必须遵守《中华人民共和国合同法》（以下简称《合同法》），当然，还必须遵守《中华人民共和国保险法》（以下简称《保险法》）。

（3）保险的补偿性。保险是对灾害事故损失进行经济补偿。这是保险的目的，也是保险合同的主要内容。

（4）保险的经济性。

保险是国民经济活动的有机组成部分，保障对象即财产和人身直接或间接属于社会生产中的生产资料和劳动力这两大经济要素，保障手段是采取支付货币的形式进行补偿或者给付，保障目的都是有利于经济发展。

如果说银行储蓄是家庭理财的“后卫”，可用于应急支出；那么债券可以称得上是“中场”，可进可守；股票和房产就是“前锋”，会带来财富的迅速增加；而保险则是强有力的“守门员”，在风险管理和家庭理财规划方面发挥着重要作用。

案例 1　鹅生金蛋

一个农夫无意间发现一只会生金蛋的鹅，不久他便成了富翁。可是财富突然增加使他变得贪婪、急躁，每天一个金蛋已经无法满足他的需求，于是农夫异想天开地把鹅宰掉，企图将鹅肚子里的金蛋全部取出。谁知打开一看，鹅腹里并没有金蛋。鹅死了，再也没有金蛋了。

【启示】如果有一部印钞机，我们应该照顾机器，还是照顾印出来的钞票？聪明人选择照顾机器，因为没有了钞票还可以再印，但没有了机器，就什么也没有了。

7.2　保险的分类

7.2.1　按保险的性质分类

所谓保险的性质，即保险所具有的补偿性或给付性。前者为补偿性保险，后者为给付性保险。应当说，这是两种性质完全不同的保险。

（1）补偿性保险。

补偿性保险即以补偿被保险人财产（价值）损失为目的的保险。其基础是保险标的具有价值而有价可估，无论缔约还是赔偿，均围绕保险标的的价值展开，投保人不得超过保险标的的价值而投保，更不能获得超过保险标的的价值的赔偿。从道德风险的角度看，补偿性保险重在防止被保险人不当得利的行为。

（2）给付性保险。给付性保险即以被保险人生存或死亡时支付保险金为目的的保险。双方当事人缔约时，只是根据投保方的需求和经济能力，约定保险人将来支付的保险金额。从道德风险角度考虑，给付性保险重在防止通过谋害被保险人而获取保险金的行为，故各国的保险法对给付性保险的投保或承保金额都有限制。

（3）兼具给付性和补偿性的保险。兼具给付性和补偿性的保险，是既有给付性质又有补偿性质的保险。又称为第三领域保险包括意外伤害险和健康保险。这两种保险兼具给付性和补偿性，既不能归属于补偿性保险，也不能归属于给付性保险。

7.2.2 按保险标的分类

保险标的是保险的对象、保险合同的客体。根据不同的保险标的，可以将保险分为财产保险和人身保险两大类。这是《保险法》中的分类方法，本书后面阐述保险具体险种的各章，也遵循这一分类方法。

（1）财产保险。财产保险以财产及其有关利益为保险标的，主要包括财产损失保险、责任保险、保证保险和信用保险。

① 财产损失保险。其保险标的为有形的财物，包括在现有财物基础上产生的预期利益。财产损失保险是一个庞大的集合概念，通常包括企业财产保险、家庭财产保险、运输工具保险、运输货物保险、工程保险、海上保险和农业保险等。最后两个险种比较特殊，海上保险通常依据《中华人民共和国海商法》(以下简称《海商法》)；而农业保险往往成为政府农业政策的重要环节，但其实质依然是一种财产损失保险。

② 责任保险。其保险标的为民事赔偿责任，可谓是一种与财产有关的消极利益，即被保险人通过责任保险，将民事赔偿责任转嫁给保险人，

从而产生了一种不损失利益。责任保险主要有产品责任险、公众责任险、雇主责任险、职业责任险以及各种附加第三者责任险等种类。其中，附加第三者责任险通常与运输工具保险、运输货物保险、建筑工程保险等结合在一起。在现代保险中，责任保险发展最为迅速，成为转嫁民事赔偿责任的最佳途径。

③ 保证保险。其保险标的为债权人或雇主的合同信赖利益，可谓是一种与财产有关的积极利益。当债务人爽约或雇员不忠诚造成权利人经济损失时，作为担保人的保险人，即承担民事赔偿责任。保证保险主要有确实保证保险和诚实保证保险两大类。其中，确实保证保险包括产品保证、合同保证、行政保证、特许保证和司法保证等险种；诚实保证保险包括指名保证、职位保证、总括保证等险种。保证保险具有与其他保险不同的理论依据，其承保的实质是防范主观因素危险。其他保险均将故意行为造成的危险作为除外责任，而保证保险的危险责任主要就是故意爽约甚至犯罪造成的财产损失。相反，其他财产保险承保的危险责任，保证保险一概视为除外责任。在现代保险中，保证保险发展较为迅速，成为保险人参与社会管理、发挥保险防灾减损功能的重要领域。

④ 信用保险。其保险标的与保证保险基本相同，为债权人的合同信赖利益。信用保险主要有出口信用保险、投资保险和国内商业信用保险等险种。信用保险的特点与保证保险基本相同，不同之处在于投保人为合同债权人，而保险业务的展开，通常受到政府的支持，体现了政府的经济和贸易政策，如促进出口贸易、保护对外投资、鼓励吸引外资、促进国内消费等。

（2）人身保险。人身保险以人的身体和寿命为保险标的，主要包括意外伤害保险、健康保险和人寿保险。

① 意外伤害保险。其保险标的主要是人的身体，即被保险人身体遭受外来意外伤害时，保险人承担给付保险金责任。意外伤害保险主要有普通意外伤害险、团体意外伤害险和特种意外伤害险等险种。早期的意外伤害保险只承担意外伤害致残、致死的风险，故与人寿保险相同，只具有给付性，但意外伤害保险在演变中，将保险金给付范围扩大至医疗

费用和收入补偿等，因此具有了补偿性。

在我国，以死亡为给付保险金条件的保险合同中规定，除父母为其未成年子女投保人身保险外，不得以无民事行为能力的人为被保险人。

② 健康保险。其保险标的主要是人的身体，即被保险人身体遭受内在疾病等伤害时，保险人承担给付保险金责任。健康保险主要有普通健康保险、团体健康保险和特种疾病保险等险种。如果说意外伤害保险转嫁的是来自身体外部的危险，那么健康保险转嫁的正是来自身体内部的危险，两者内外结合，功能互补。但是，与意外伤害保险不同，健康保险的补偿性强于给付性，因为就被保险人而言，除因病死亡外，因病致残的概率远小于意外事故，健康保险的绝大部分给付，都针对医疗费用和收入补偿。

③ 人寿保险。其保险标的为人的寿命。人寿保险虽然仅是人身保险中的一类，但其业务量往往占整个保险业务的一半以上，且具有长期性、储蓄性等特点。人寿保险的种类较多，按不同的标准，可以有不同的分类方式。按事故的危险性不同，可以分为死亡保险、生存保险和生死两全保险；按给付方式的不同，可以分为资金保险和年金保险；按承保技术，可以分为普通寿险、简易寿险和弱体寿险；按保险功能的不同，可以分为传统寿险和非传统寿险等。

7.2.3 按承担责任方式分类

所谓承担责任方式，即保险事故发生后，保险人承担赔付保险金责任的方式。按保险人是直接承担责任还是间接承担责任，可以将保险分为原保险和再保险。

（1）原保险。原保险又称第一次保险，是投保人和保险人通过订立保险合同建立的原始保险关系，保险人承担直接的、原始的赔付保险金责任。

（2）再保险。《保险法》第二十八条规定："保险人将其承担的保险业务，以分保形式部分转移给其他保险人的，为再保险。"再保险又称第二次保险，是原保险人将自己承担的原保险责任，转移给其他保险人以分散危险的保险业务行为。再保险是保险的保险，其合同双方当事人都是保险人。在再保险中，原保险人依然承担直接的赔付责任，而再保险人则承担间接的赔付责任。《保险法》第二十九条规定："再保险接受人不得向原保险的投保人要求支付保险费。原保险的被保险人或者受益人不得向再保险接受人提出赔偿或者给付保险金的请求。再保险分出人不得以再保险接受人未履行再保险责任为由，拒绝履行或者迟延履行其原保险责任。"上述规定表明，投保人与再保险人之间没有直接的法律关系；而原保险人与再保险人在保险事故发生后，应当独立履行各自的合同义务。

7.2.4 按保险实施方式分类

所谓保险实施方式，即投保人和保险人建立保险关系的方式。《保险法》第十一条规定："订立保险合同，应当协商一致，遵循公平原则确定各方的权利和义务。除法律、行政法规规定必须保险的外，保险合同自愿订立。"据此，可将保险分为自愿保险和强制保险。

（1）自愿保险。自愿保险是投保人与保险人在平等互利、协商一致基础上，以自愿方式订立保险合同而建立保险关系的保险。商业保险是一种自愿保险，保险人自主经营的险种，都建立在自愿基础上。保险人不能以强制手段迫使投保人投保，投保人也不可能硬要保险人承保。

（2）强制保险。强制保险又称法定保险、政策保险，是国家基于某种社会政策或经济政策的需要，通过强制性手段要求投保人和保险人建立保险关系的保险。根据《保险法》的规定，只有法律法规可以规定强制保险，除此之外，任何组织和个人都无权规定或实施强制保险，当然也包括保险公司。

我国现行的强制保险，主要有两种，其一是中华人民共和国成立初期，当时的政务院颁布了《轮船、铁路、飞机三方面旅客意外伤害强制保险条例》。根据这一条例，投保人和保险人都没有选择余地，凡是乘坐火车、轮船和飞机的旅客，不管愿不愿意，都必须缴纳保险费，由国家指定的保险人承保；而保险人亦无选择投保人的余地，必须承保。这种强制保险无须通过订立保险合同建立保险关系，不过，这由于年代久远，飞机和轮船部门已经不再实施这种强制保险。其二是根据国务院 2006 年颁布的《机动车辆交通事故责任强制保险条例》中规定，所有的机动车辆都必须参加该责任保险，保险公司也不得拒绝承保。这种强制保险，投保人和保险人仍需通过订立保险合同建立保险关系。

7.2.5 按保险人数量分类

所谓保险人数量，即在保险利益和保险责任相同、期限重合的条件下，对于同一保险标的究竟有几个保险人参与了承保。按照该标准，保险可以分为单保险和复保险。

（1）单保险。单保险是指投保人就同一保险标的、保险利益、保险事故，与一个保险人订立保险合同的保险。大多数保险是单保险。

（2）复保险。复保险又称重复保险，是指投保人就同一保险标的、保险利益、保险事故，在保险期限重合的条件下，与两个以上保险人订立保险合同的保险。重复保险主要出现在财产保险中。

7.2.6 按保险责任范围分类

所谓保险责任范围，即保险人根据保险合同的约定所承担的危险事故范围。据此，可以将保险分为单一危险保险、多种危险保险与综合危险保险。

（1）单一危险保险。单一危险保险，是指保险人只承保特定的一种或相关的数种危险事故的保险。如地震保险中，保险人只承保地震灾害造成的损失。最初的保险，都是单一危险保险，随着保险技术的发展，一份保险合同所承担的危险责任，呈现出多样化、复杂化的特点。

（2）多种危险保险。多种危险保险，是指保险人承保合同列明多种危险事故的保险。在这类保险中，不管保险人承保多少危险，只要合同中列举（排除式列举）了危险事故的名称，就属于多种危险保险。如货物运输保险的保险责任为火灾、爆炸、雷电、冰雹、暴风、暴雨、洪水、地震、海啸、地陷、崖崩、滑坡、泥石流，虽然列举的名称繁多，但仍属于多种危险保险。

（3）综合危险保险。综合危险保险又称一切危险保险，是指保险人承保责任免除以外的任何危险事故的保险。在这类保险中，其保险责任通常以“一切”加“除外”的形式拟订。如国内钻井平台保险规定：“本保险负责赔偿被保险财产的一切直接物质损失或损坏，但对被保险人、财产所有人或管理人未尽职责造成的损失不负责任。”

7.2.7　按保险价值是否确定分类

所谓保险价值，即保险标的用金钱估计的价值；所谓保险价值是否确定，即投保时双方当事人是否在保险合同中约定保险标的的保险价值。据此，可以把保险分为定值保险与不定值保险。

（1）定值保险。《保险法》第五十五条规定：“投保人和保险人约定保险标的的保险价值并在合同中载明的，保险标的发生损失时，以约定的保险价值为赔偿计算标准。”据此，定值保险是指订立保险合同时，双方当事人约定保险标的的保险价值，并载明于合同中的保险。一旦发生保险事故，保险人即按当初约定的保险价值进行赔偿，如保险标的全损，不管其出险时实际价值如何，保险人按确定的保险价值赔偿；如部分损失，则按实际损失赔偿。海上保险、运输货物保险等通常采用定值保险。

（2）不定值保险。《保险法》第五十五条同样规定：“投保人和保险人未约定保险标的的保险价值的，保险标的发生损失时，以保险事故发生时保险标的的实际价值为赔偿计算标准。”据此，不定值保险是指订立保险合同时，双方当事人不预先约定保险标的的保险价值，并在合同中载明：发生保险事故后，以保险标的实际价值确定损失额、进行赔偿的保险。这里的实际价值，即出险时保险标的以市场价格参考确定的价值。如一台彩电，投保时市价为 8 000 元，出险时市价跌至 6 000 元，则只能按 6 000 元市价确定实际价值，若彩电全损，则保险人按 6 000 元赔偿。

一般的财产保险均为不定值保险，其原因是定值保险需要保险人对每份保单进行价值评估，成本很高；而不定值保险只需要评估出险的保单。以 1 000 份保单 1‰的出险率计算，定值保险需要评估 1 000 份且 999 份未出险的保单，评估费用过高；而不定值保险只需评估 1 份。

值得注意的是，人的身体和寿命无价可估，因此，人身保险无所谓定值或不定值。上述分类只适用于财产保险。

7.2.8 按保险金额与保险价值的关系分类

所谓保险金额与保险价值的关系，是指保险金额应该以保险标的的实际价值，即保险价值来确定。这种分类适用于财产保险。

（1）足额保险。足额保险，是指保险金额等于或大体上等于保险价值的保险。订立足额保险合同，可以使被保险人获得充分的经济保障。

（2）不足额保险。不足额保险，是指保险金额小于保险价值的保险。

（3）超额保险。超额保险，是指保险金额大于保险价值的保险。

值得注意的是，上述分类并未考虑时间因素，即足额保险、不足额保险和超额保险的界定，未充分考虑究竟以投保时为准，还是以出险时为准。

【知识链接】 部分保险名称和释义

（1）火灾保险：承保陆地上存放在一定地域范围内，基本上处于静止状态下的财产，如机器、建筑物、各种原材料或产品、家庭生活用具等因火灾引起的损失。

（2）海上保险：实质上是一种运输保险，是各类保险业务中发展最早的一种保险。保险人对海上危险引起的保险标的的损失负赔偿责任。

（3）货物运输保险：是除了海上运输以外的货物运输保险，主要承保内陆、江河、沿海以及航空运输过程中货物发生的损失。

（4）各种运输工具保险：主要承保各种运输工具在行驶和停放过程中所发生的损失，包括汽车保险、航空保险、船舶保险、铁路车辆保险等。

（5）工程保险：承保各种工程期间一切意外损失和第三者人身伤害与财产损失。

（6）灾后利益损失保险：指保险人对财产遭受事故后可能引起的各种无形利益损失承担保险责任的保险。

（7）盗窃保险：承保财物因强盗抢劫或者窃贼偷窃等行为造成的损失。

（8）农业保险：主要承保各种农作物或经济作物和各类牲畜、家禽等因自然灾害或意外事故造成的损失。

（9）责任保险：是以被保险人的民事损害赔偿责任作为保险标的的保险。不论企业、团体、家庭或个人，在进行各项生产业务活动或在日常生活中，由于疏忽、过失等行为造成对他人损害的，根据法律或契约对受害人承担的经济赔偿责任，都可以在投保有关责任保险后，由保险公司负责赔偿。责任保险分为以下四类。① 公众责任保险：承保被保险人对其他人造成的人身伤亡或财产损失应负的法律赔偿责任。② 雇主责任保险：承保雇主根据法律或者雇佣合同对雇员的人身伤亡应该承担的经济赔偿责任。③ 产品责任保险：承保被保险人因制造或销售产品的缺陷导致消费者或使用人等遭受人身伤亡或者其他损失引起的赔偿责任。④ 职业责任保险：承保医生、律师、会计师、设计师等自由职业者因工作中的过失而造成他人的人身伤亡和财产损失的赔偿责任。

（10）信用保险：以订立合同的一方要求保险人承担合同的对方的信用风险为内容的保险。

（11）保证保险：以义务人为被保证人按照合同规定要求保险人担保对权利人应履行义务的保险。

（12）定期死亡保险：以被保险人在保险期间死亡作为给付条件的

保险。

（13）终身死亡保险：以被保险人终身死亡为给付条件的保险。

（14）两全保险：以被保险人在保险期限内死亡或者保险期间届满仍旧生存为给付条件的保险，有储蓄的性质。

（15）年金保险：以被保险人的生存为给付条件，保证被保险人在固定的期限内按照一定的时间间隔领取款项的保险。

（16）人寿保险：简称寿险，是一种以人的生死为保险对象的保险，是被保险人在保险责任期内生存或死亡，由保险人根据契约规定给付保险金的一种保险。

（17）分红保险：是指保险公司在每个会计年度结束后，将上一会计年度该类分红保险的可分配盈余，按一定的比例，以现金红利或增值红利的方式，分配给客户的一种人寿保险。

（18）投资连结保险：保险公司除将收进来的资本（保费）提供给客户保险额度外，还去做基金标的连结，让客户可以享受到投资获利 。

（19）万能人寿保险：又称万用人寿保险，是指可以任意支付保险费及任意调整死亡保险金给付金额的人寿保险。

7.3 常见的四大险种

人生中面临的风险主要有四种：意外、疾病、死亡和养老。

养老是“确定性”的风险，本质是个理财问题，可以通过提前规划、投资稳健的年金险种来应对；而意外、疾病、死亡是“不确定性”的风险，则可以通过保险来应对。三种风险可以细分为以下四种保险来应对：意外险、重疾险、医疗险、寿险。

7.3.1 意外险

顾名思义，意外险是抵御意外风险的，保险里的意外包含四个因素：

外来的、突发的、不可避免的、非疾病的。比如，常见的意外摔伤、交通事故，甚至被狗咬，都属于意外伤害的范围。

意外险有价格低、保额高的特性，同时也是所有保险里，唯一不限制健康情况投保、可以按伤残等级赔付保险金的保险。这是其他险种所不能替代的优势。

意外险主要保险责任包括意外医疗、意外伤残和意外身故。意外又分大意外和小意外两种。大意外，如车祸、溺水、火灾等事故，可能导致身故或者残疾。一旦发生这种情况，意外险就会按合同约定，一次性给付保额。小意外，如磕磕碰碰、扭腰崴脚、猫爪狗咬等。

意外险多为一年期短险。价格较低，通常每年交一二百元，就可以获得几十万元的身故保障和几万元的医疗保障。

案例 2

小明去菜市场路上不小心被石头绊倒，导致左小腿骨折，治疗费用 3 万元。小明的老婆三个月前为他买了一份意外险，费用不到 200 元，意外医疗保额 5 万元，可以报销大部分费用。这下好了，虽然骨折很不爽，但是起码不至于损失太多钱。

购买意外险的注意事项如下。

（1）买短期不买长期。目前，市面上的长期险通常比短期险贵很多，还有那种长期返还型的意外险。意外险的健康告知很宽松，基本不用担心老了、病了无法续保的问题，所以买价格便宜的短期险就行。

（2）是否包含伤残责任。一定要是伤残（或者残疾），不能是全残，因为全残是最严重的伤残。如果一款产品写的是保身故 / 全残，那么就不必考虑。

（3）是否符合职业类别。意外险的主要核保依据在于职业类别，每家保险公司标准不一，所以在购买时，务必对照职业类别表，确定是否符合投保要求。

（4）是否需要财力证明。有些意外险在理赔的时候需要出示收入证明，但是在买的时候没有限制。一定要看清这一点，不能给理赔留下隐患。

7.3.2 重疾险

重疾险是大部分人第一个接触的险种，如果得了大病，除治病需要花钱外，往往还需要休养一段时间。这时没有了收入来源，养家糊口都会面临压力。重疾险就是为了对抗这个风险而产生的。它是一次性赔付的。只要得了保险合同中涵盖的重大疾病，如癌症，投保时买了多少保额就给多少钱。这笔钱除了可以用来支付康复费用，还可以用作休养期间的生活支出，以弥补收入损失。

与医疗险不一样，重疾险只有在发生约定的重大疾病时才会理赔。这里面最主要的 25 种重大疾病，是由保险行业协会统一规定的，各家公司的产品都一样，如癌症、脑中风、急性心肌梗死等。

重疾险可与医疗险搭配购买，医疗险用来报销社保之外的医疗费用，重疾险则用来维持康复期间的生活支出。

购买重疾险的注意事项有两个。

（1）买保险最重要就是要买够充足的保额。有条件的情况下，每一个人的重疾保额都应该在 50 万元以上。这个保额看似很高，却不一定高过医疗费账单金额。重疾险的平均治疗费为 25 万元，还没算康复费用。如不幸患上重疾，三五年内没法正常工作，这笔钱可用来过渡。

（2）根据预算来选择保障时间的长短。预算充足的家庭可以选择终身重疾，预算紧张的家庭优先选择消费型定期重疾险。

案例 3

小明长期熬夜，饮食不规律，最近被确诊为胃癌。幸好早些时候他买了一份重疾险，保额为 50 万元。小明提供病历资料给到保险公司，保险公司赔付了 50 万元保额。小明做了第一次手术，花费 15 万元，然后出院回家休养，定期回医院做化疗以及康复治疗。

小明在家休养，没法上班，虽然公司没有辞退他，但也只能停薪留工。保险公司赔的50万元，扣掉前期手术费15万元，还有35万元在手里，足够小明家里的生活开销以及未来的康复治疗了。当然，够花多少年，得看小明家里的开销有多大，也还得看病情控制得如何，若病情控制不好，也是需要随时进行第二次手术的。

要是小明没有买那50万元的重疾险，住院就要自己花15万元，出院之后停薪留工，一直都没有收入，别说每个月花几千块给自己买药、买补品，一大家子人要吃饭了，那真是叫天天不应，叫地地不灵！

（3）不买两全型保险，原因如下：这种保险开始返钱的年龄可能是我们最需要保障的时候；两全型保险其实就是把我们交的钱中的一大部分拿去做定期存款，复利增长，只有一小部分买了保障，所以同样的保障会贵很多。

7.3.3 医疗险

医疗险保障的是医疗行为，医疗行为分为住院和门诊。一般的感冒发烧，去医院打点滴，属于门诊；如果引起了肺炎，比较严重，那么就需要住院。

除此以外，还有一种叫特殊门诊。特殊门诊一般治疗比较重大的疾病，比如肾透析、肿瘤门诊手术、器官移植后的抗排异治疗、其他门诊手术等。

医疗险是专门保障医疗费用的，是事后报销获取赔付金的。根据赔付额度来区分，商业医疗险可分为百万医疗险和小额医疗险。

百万医疗险保额比较高，通常是200万～600万元；同时，有免赔额1万～2万元。百万医疗险通常用作重疾险和意外险的补充，当发生重疾或者大型意外事故，需要高额治疗费用时，百万医疗险就可以报销几十万元甚至上百万元。百万医疗险如安盛天平卓越百万医疗、平安e生保。小额医疗险保额比较低，一般只有1万～2万元，多的也不过5万元。同样，免赔额也较低，通常只有100元 。若住院仅花了几千元，也可用它来报销一部分，理赔的概率比较高。与此同时，小额医疗险可以弥补百万医疗险的免赔额部分，如“安联住院宝”。

案例 4

还是举案例 3 中小明的例子，重疾险赔的钱可以支付第一期手术费。如果同时拥有医疗险，那么医疗险还可以报销一部分，即，小明花的第一次手术费 15 万元，是可以通过医疗险报销的。

若小明不幸得了罕见病，虽说重疾险涵盖了 95% 的大病，但是还有 5% 的病不包括在内，而医疗险是不区分病种的，只要满足健康告知投保成功，等待期结束后都能获得报销（除了先天性疾病和既往症）。

购买医疗险时要注意，是否符合健康告知是获得医疗险理赔的关键。关于健康告知，建议做到如实告知和有限告知。

很多人以为买了保险就可以有所保障所以就算是身体出了状况，依然去买保险，等到理赔被保险公司拒赔后，又反过来说保险是骗人的。这是不对的。

7.3.4　寿险

寿险是被保险人在保险责任期内生存、死亡或全残，由保险人根据契约规定给付保险金的一种保险。

简单来说，寿险就是人没了，保险公司赔一笔钱给被保险人的家人，获得保额的不是本人，是家人。家庭经济支柱一定要配置寿险，因为顶梁柱万一走了，会对家庭经济造成很大的打击，家人很可能需要一笔钱维持生活。寿险是用来补偿被保险人的家人的。从这个角度来说，很多人会认为寿险是“爱与责任”的保险。

寿险主要分为终身寿险和定期寿险。定期寿险是保障一段时间的寿险，适合于保险需求较高的普通人群，可以让个人在家庭责任的重大时期，以较低的保费获得最大的保障，而终身寿险则比较合适有较强保费负担能力、有清晰遗产规划需求的投保人，如达到一定年龄的家庭富裕型人士或是具有稳定型投资需求的人士。对于大多数普通家庭来说，定期寿险是承担家庭责任的更佳选择。

案例 5

小明月收入为 1 万元。他的老婆在家带娃和照顾老人，家里只有小明一个人赚钱，让我们来列一下小明每个月的支出：家用给老婆管，一家大小吃喝每月花费 2 000 元；每月给父母生活费 1 000 元；房贷月供 3 500 元；孩子幼儿园学费每月交 1 500 元。每月固定已经接近 8 000 元了，还没算小明日常应酬，以及老婆买衣服和护肤品等。

这种情况下，要是万一小明不在了呢?

家里该开销的还是要开销，吃喝费用一家人必须得有，而且房贷月供 3 500 元也不会因为小明不在了就不用交了。逾期不交钱，银行马上发通知书、打电话过来催款，若是交不起房贷，房子直接会被银行收回去。还有孩子幼儿园学费和老人的赡养费要从哪里来?

如果小明买了 100 万元的寿险，他不在了，这些钱可以给小明的家人。前面说到，小明家每个月花费 8 000 元，100 万元够支撑差不多 10 年，就能解决大问题了。

购买寿险注意事项有：① 不买两全型，理由同重疾险；② 关注免责条款，一般为 3 ~ 7 条，越少越好。有些条款中注明吸毒、战争不赔，看自己能否接受了。

最科学的寿险保额的算法，至少应该覆盖所有剩余的房贷车贷额度、孩子步入社会前的教育费用、父母 85 岁前的赡养费用。由于每个家庭的情况不同，因此需要具体分析。

7.3.5 保险的购买

保险的购买需要明确以下三点：

（1）为谁买？

先大人后小孩，优先为经济支柱购买保险。

（2）买什么？

保险最重要的是保障而非投资，优先购买保障型的保险。保障型的保险主要有三种：意外险、重疾险、寿险。

（3）买多少？

应根据家庭成员及经济状况进行科学规划。

【知识链接】　重疾险的来源

重疾险最初萌芽于南非。一位叫马吕斯·巴纳德（Marius Barnard）的心脏外科医生发现，虽然自己尽全力挽救，让病人脱离了生命危险，但也因此让很多的家庭陷入了经济上的困境。为了替家人看病，他们不得不出去借贷，而又没有能力来偿还这笔巨大的债务，生活日渐拮据，越来越穷，再也没有办法回到患病之前的生活。病人终日承受着巨大的生活和经济压力，郁郁寡欢，疾病不但得不到控制，而且很快又再次复发，一直这样恶性循环，直到死亡的来临。

这位心脏外科医生意识到：虽然医疗手段可以拯救一个人的生命，却不能挽救一个家庭。人们需要保险不是因为知道自己将会死亡，而是要靠着保险活下去。

在马吕斯·巴纳德的发起下，1983年，重疾险出现了。它的出现给患者提供了经济方面的支持，让那些患重疾的病人能够更好地活下去。

7.4　保险的职能和作用

7.4.1　保险的职能

（1）保险的基本职能。保险的基本职能简单来讲，就是为参保者提供保障，即向保险参加者收取保险费，并集中建立保险基金，来分摊特定的风险损失，以实现经济补偿的目的。分摊损失是保险处理危险的方法和手段；补偿损失则是保险的最终目的。二者相互依存，分摊损失是实现补偿损失的手段，没有损失的分摊就无法进行损失的补偿。

① 分摊损失。集合足够多的投保成员，通过向众多的投保成员收取保险费来分摊其中少数不幸成员所遭受的损失，将相对少数成员的损失转嫁，由所有投保成员共同来承担。

② 补偿损失。这是保险最基本的职能。在特定风险损害发生时，在保险的有效期和保险合同约定的责任范围以及保险金额内，按照实际的损失金额给予赔付，从而使社会再生产过程得到连续。保险的一切安排都是为了满足补偿损失的需要。

（2）派生职能。

① 风险管理。保险本身就是风险管理的一项重要措施，保险公司做好风险管理就能减轻补偿。保险公司介入风险管理活动，提高了社会的防灾防损水平，发挥了保险防灾防损的社会职能。

② 投资。保险费是预付的，保险补偿和给付之间的时间差为保险公司运用资金提供了可能。投资能增加收益和增强赔付能力，使保险资金运行进入良性循环。投资业务和承保业务是保险公司发展的两个必不可少的轮子。

7.4.2 保险的微观作用

（1）提供保障，安定生活。“平时注入一滴水，难时拥有太平洋”，保险可以促进个人或家庭消费的均衡。在人生各个阶段，收入和需求并不是时刻吻合的，需要对收入和消费进行均衡。储蓄是均衡的一种方式，保险同样能促进家庭消费的均衡。

（2）有利于赔偿责任的履行。当肇事者无力赔偿受害人时，责任保险能够代替肇事者进行赔偿，保护了受害人的利益。

（3）合理避税。保险可合理避开所得税、遗产税 / 赠予税等。

案例 6　通过保险延迟交纳所得税（图 7.1）

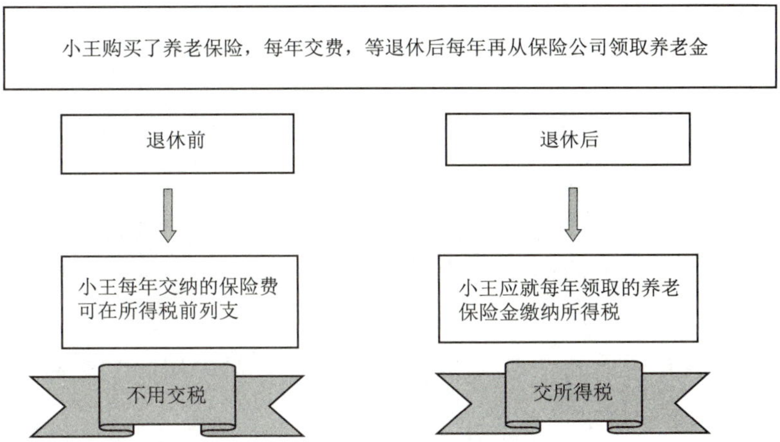

图 7.1　通过保险延迟交纳所得税

案例 7　通过保险规避遗产税（图 7.2）

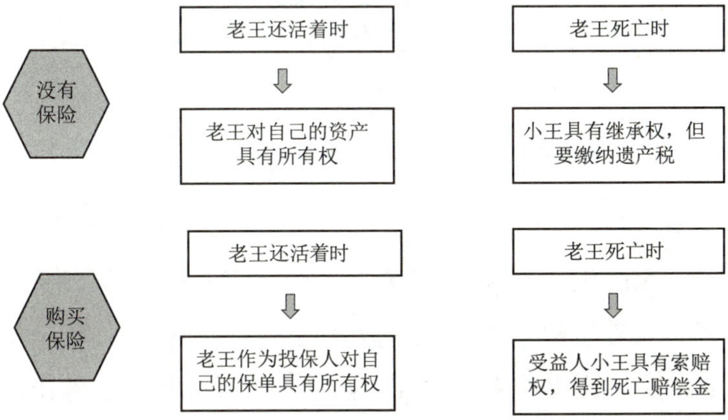

图 7.2　通过保险规避遗产税

案例 8　积谷防饥

很久以前，有一个妇人，每天煮饭的时候，总是从锅里抓一把米出来，放在一个特备的米缸中。有人讥笑她这种行为，但她不以为意，依然坚持这样做。过了不久，发生了灾害，地里粮食严重歉收，很多人家都揭不开锅了，但这位妇人家由于有一个特备的米缸，因此熬过了饥荒。

【启示】积谷防饥其实就是一种保险意识，平时做好防备，关键时刻大有用处。

7.5 保险在家庭理财中的作用

7.5.1 家庭或个人面临的主要风险

家庭或个人面临的主要风险有人身风险、财产风险、责任风险、投资风险，如图 7.3 所示。

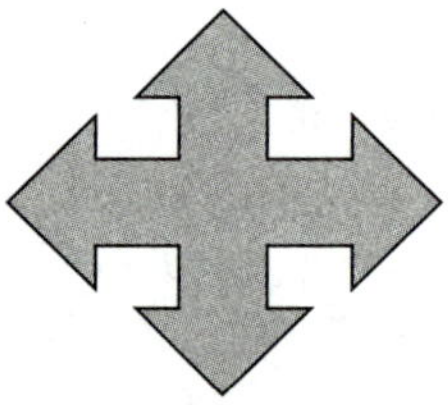

图 7.3 家庭或个人面临的主要风险

（1）人身风险。“天有不测风云，人有旦夕祸福。”人身风险指人的生、老、病、死的生理规律所引起的风险，或者在日常工作、生活中由于自然灾害、意外事故、人为灾害所引起的人身伤亡风险。人身风险具体分为生命风险（死亡风险、生存风险）、疾病风险、意外伤害风险。

（2）财产风险。家庭财产主要包括房屋、家具、家用电器、现金、有价证券、车辆以及其他贵重物品等。一般来说，若家庭拥有的财产价值越大，遭受损失的风险越大，损失的价值越大；反之，则损失的风险越小，损失的价值越小。财产风险事故包括：自然灾害，如水灾、火灾、地震等引起财产损失；人为因素，如盗窃、纵火、破坏、爆炸等引起财产损失。家庭财产损失会直接导致家庭财产的减少而引起直接损失，同时，恢复财产的用途或者更换新的用具需要一定的费用、时间等，会引起间接损失。

（3）责任风险。家庭成员的行为给他人带来人身或者财产的损失，并因此承担法律所要求的赔偿责任，即责任风险。责任风险有时是故意造成的，有时是过失、无意造成的，主要类型如：故意伤人的肇事者需要赔付他人医疗费、误工费等；过失伤人造成的责任损失，也需要赔付他人医疗费、误工费、营养费等；驾车过程中出现交通事故造成他人财产和人身损失，需要依照道路交通管理部门的有关规定，对他人的财产和人身风险进行赔偿；自家养的宠物咬伤了邻居的孩子，需要承担宠物造成他人的损失。

（4）投资风险。投资风险是指对未来投资收益的不确定性，在投资过程中面临收益损失，甚至本金损失的可能性。买了股票可能会被套牢，买了债券可能不能按期还本付息，房价可能会下跌等，都是投资风险。投资者需根据投资目标与风险偏好选择金融工具。比如，分散投资和资产组合是一种有效的控制风险的方法，即合理配置债券、股票、基金等各类投资工具的比例，以降低投资中的非系统性风险等。可采用“四分法”家庭理财模式，保障资金的安全并有所增值，见表 7.1。

表 7.1 “四分法”家庭理财模式

收益	种类	比例 /%	风险
↑	期货、外汇	10	↑
	股票	15	
	房产、基金	35	
	债券、存款、保险	40	

7.5.2 保险在家庭理财中的功能

（1）风险保障功能。家庭在面临危难时得到保险的及时援助，使生活得以正常维持，这是保险最根本的职能，是家庭理财中对保险的基本定位。

（2）储蓄功能。长期寿险由于具有现金价值，使保单具有储蓄功能并且保单现金价值是采取复利计算账户收益的，使保单的储蓄生息功能比银行存款更具优势。

（3）资产保护功能。人寿保险合同是以人的生命和身体为保险标的的，依据《保险法》的规定，未经被保险人书面同意，保单不得转让或者质押，因此在其资产被冻结时，人寿保险仍可以为客户提供保单质押贷款。

（4）融通资金功能。长期寿险可以通过保单质押贷款为客户融通资金。保单质押贷款有别于商业贷款，保单持有人没有偿还保单质押贷款的法定义务，和保险公司之间不是一般的借贷关系；保险人在提供贷款时只审查保单的现金价值，并不关心客户的资信情况。

（5）合理避税功能。个人缴纳社保基金可以抵税，企业可以合理合法为员工投保进而达到合理避税的目的。保险也是规避遗产税的有效工具。

（6）规避通货膨胀及利率风险功能。保单通常与利率挂钩，通货膨胀会引起利率上升，保单收益率随着利率上升而上涨，从而抵消了通货膨胀的影响。变额寿险（投资连结保险）一部分，是最低给付金额；另一部分，则是其保费分离账户产生的投资收益。万能寿险（综合人寿保险）则居民可以根据实际情况及保单的现金价值决定缴费，甚至于暂停缴费。变额寿险和万能寿险是集保障、投资、收益保底三种功能于一体的保险理财产品。

【思考题】

保险在家庭理财中的功能有哪些？

解析：风险保障功能、储蓄功能、资产保护功能、融通资金功能、避税功能、规避通货膨胀及利率风险功能。

案例 9　长线投资

一位 8 岁的女孩拿着一元钱来到瓜园买瓜，瓜农见她钱太少，便想糊弄小姑娘离开，于是指着一个未长大的小瓜说：“一元钱只能买到那个小瓜。”女孩答应了，兴高采烈地把钱递给瓜农。瓜农很惊讶：“这个瓜还没熟，你要怎么吃呢？”女孩说：“交完钱这瓜就属于我了，等瓜长大熟了我再来取吧。”

自 学 指 导

保险从萌芽时期的互助形式逐渐发展成冒险借贷，然后逐步发展到海上保险合约，发展到海上保险、火灾保险、人寿保险和其他保险，并逐渐发展成现代保险。认识保险，需要了解投保人、保险人、被保险人、受益人和保单所有人。现代生活中，保险和每个人都息息相关，它的存在很普遍，但是若你想深入理解保险的方方面面，则需要花费些时间和精力。

本章首先让人们树立正确的保险意识，认清其基本功能和特征，认清保险在家庭理财中的重要作用。了解保险的分类方式及其性质，不同险种的保障内容和保障功能是不一样的，最终所承担的责任是千差万别的。应学习各类保险条款，以利于如何做好家庭保障计划。

本章学习的目的和要求：一是了解保险的基本含义、保险的分类、保险的特征；二是理解保险的基本功能及其在家庭理财中的重要作用；三是树立正确的保险意识，科学选择保险产品。

本章学习的重点和难点：保险的基本功能，保险在家庭理财中的作用，如何树立正确的保险意识。

保险专题测试

一、单项选择题（请为每个小题选择一个最佳答案）

1．风险管理的目的是（　　）。

A．识别风险

B．消灭风险

C．转移风险

D．以最小的成本获得最大安全保障

2．保险合同是（　　）与保险人约定保险权利义务关系的协议。

A．被保险人

B．保险受益人

C．投保人

D．保险代理人

3．保险合同的客体是（　　）。

A．投保人

B．保险利益

C．权利义务

D．被保险人

4．负有支付保险费的义务的人是（　　）。

A．投保人

B．被保险人

C．保险人

D．受益人

5．从保险合同的性质来看，责任保险合同具有（　　）。

A．安全性

B．投资性

C．补偿性

D．给付性

6．保险可分为团体保险和个人保险。这种分类标准是（　　）。

A．按实施方式分类

B．按保险标的分类

C．按承保方式分类

D．按被保险人个数分类

7．从风险的角度来说，火灾、爆炸、船舶碰撞、人的死亡与疾病都属于（　　）。

A．自然风险

B．风险因素

C．风险事故

D．损失

8．人寿保险的受益人是由（　　）指定的。

A．被保险人

B．债务人

C．债权人

D．投保人

9．（　　）是一种以人的生死为保险对象的保险，是被保险人在保险责任期内生存或死亡，由保险人根据契约规定给付保险金的一种保险。

A．人身保险

B．人寿保险

C．年金保险

D．两全保险

10．我国保险主题宣传日是（　　）。

A．7 月 8 日

B．8 月 7 日

C．9 月 8 日

D．6 月 12 日

二、多项选择题（请为每个小题选择最佳答案，正确答案至少有两项）

1．按保险的性质，保险可以分为（　　）。

A．补偿性保险

B．给付性保险

C．财产保险

D．兼具给付性和补偿性的保险

2．保险合同争议处理的方法包括（　　）。

A．协商

B．调解

C．仲裁

D．诉讼

3．下列关于保险的特征，正确的有（　　）。

A．保险的互助性

B．道德风险因素

C．保险的合同性

D．保险的补偿性

4．保险的基本职能有（　　）。

A．融资

B．分散风险

C．经济补偿

D．防灾防损

5．保险可以分为许多分类，根据实施方式可以分为（　　）。

A．原保险

B．强制保险

C．自愿保险

D．重复保险

6．保险体现的是一种经济关系，表现为（　　）。

A．保险人与被保险人的商品交换关系

B．保险人与投保人的关系

C．保险人与被保险人之间的收入再分配关系

D．投保人与受益人的关系

7．以下属于财产保险业务的有（　　）。

A．财产损失保险

B．责任保险

C．信用保险

D．意外伤害保险

8．根据保险标的可以分为（　　）。

A．财产保险

B．责任保险

C．人身保险

D．商业保险

9．责任保险的主要种类包括（　　）。

A．公众责任保险

B．产品责任保险

C．职业责任保险

D．雇主责任保险

10．人寿保险包括（　　）。

A．死亡保险

B．生存保险

C．健康保险

D．生死合险

三、判断题（判断正误，正确的选项请打√，不正确的选项请打×）

1．在我国，以死亡为给付保险金条件的保险合同中，除父母为其未成年子女投保人身保险外，不得以无民事行为能力的人为被保险人。（　　）

2．健康保险不属于人身保险。（　　）

3．在再保险中，原保险人不承担直接的赔付责任，再保险人承担直接的赔付责任。（　　）

4．保险是一种经济保障活动。（　　）

5．保险是以科学的方法处理风险的一种有效措施。（　　）

6．单保险是指投保人就同一保险标的、保险利益、保险事故，与一个保险人订立保险合同的保险。（　　）

7．保险具有互助性。（　　）

8．保险合同的解除就是保险合同的无效。（　　）

9．足额保险，是指保额等于或大体上等于保险价值的保险。（　　）

10．人身保险与社会保险的保险标的都是人的身体或寿命。（　　）

四、简答题（简要回答下列问题）

1. 简述保险的职能。

2. 简述保险的含义。

专题 8　股票——股市有风险，投资需谨慎

8.1　股票的定义

股票是股份证书的简称，是股份公司为筹集资金而发行给股东作为持股凭证并借以取得股息和红利的一种有价证券。我国上市公司的股票有 A 股、B 股、H 股、N 股、S 股五种。A 股称为人民币普通股票，在中国内地注册、上市，以人民币认购和交易。B 股称为人民币特种股票，是在中国内地注册、上市的特种股票，以人民币标明面值，只能以外币认购和交易。H 股称为国企股，是指国有企业在中国香港上市的股票。N 股是指那些在中国内地注册、在纽约上市的外资股。S 股是指核心业务在中国内地，而注册地在新加坡或者其他国家和地区，但是在新加坡交易所上市挂牌的企业股票。股票是股份公司资本的组成部分，可以转让、买卖或作价抵押，是资金市场的主要长期信用工具。

股票的作用有三点。第一，股票是一种出资证明，当一个自然人或法人向股份有限公司参股投资时，便可获得股票作为出资的凭证；第二，股票的持有者凭借股票来证明自己的股东身份，参加股份公司的股东大会，对股份公司的经营发表意见。第三，股票持有者凭借股票参加股份发行企业的利润分配，也就是通常所说的分红，以此获得一定的经济利益。

案例 1　抓猴子的故事

从前有一个到处都是猴子的地方，有一天，一名男子出现并向村民宣布，他将以每只 10 元的价钱购买猴子。村民们知道附近有很多猴子，

于是便走进森林开始抓猴子，这名男子花了数千元购买了几百只猴子装在大笼子里，森林里猴子数量开始减少，村民们越来越难抓到，因此他们不再热衷了。这名男子随后宣布，他将出价提高到每只猴子 20 元，这又让村民们重新开始努力抓猴子，但很快地，猴子更少了，他们几乎很难再抓到了，因此人们开始回到自己的农场，忘了抓猴子这件事。后来，这名男子提高价格到每只 25 元，但是猴子的供应变得更稀少，再怎么努力都很难见到一只猴子，更别谈抓猴子了。这名男子宣布每只猴子出价 50 元。后来他离开了，去城里办一些事情，改由他的助理代表他继续从事购买猴子的业务。这名男子离开后，助理告诉村民，在大笼子里的这些猴子，我按每只 35 元卖给你们，等这名男子从城里回来，你们可以将它们以每只 50 元卖给他，于是村民们用所有的积蓄购买了全部的猴子。但那之后，村民们再也没有见到这名男子和他的助理了。于是，村子里又再次变成到处都是猴子的地方，直到不久之后，另一名男子出现了……

8.2 股票如何盈利？

8.2.1 复利的定义

复利即“利生利”，即把股票中股息和红利全部转换为投资本金。货币时间价值专题中有相关介绍，此处不再赘述。股票投资的目的就是获得收益。

8.2.2 复利的要素

复利要素包括初始本金、报酬率和时间。

8.2.3　复利的作用

例如，过去 100 年美国股票市场的平均年回报率 10.4%，1 000 美元投资 100 年的收益就为 $1\ 000\times(1+0.104)^{100}=19\ 811\ 043$（美元）；如果一个家族从 1842 年开始投资，100 美元，年利率为 12%，165 年后的财富（未考虑遗产税）就为 $100\times(1+0.12)^{165}=13\ 212\ 157\ 451$ 美元。由此可见，复利的收益具有加速效应，其计算表见表 8.1。

表 8.1　复利计算表

年份	5%	10%	15%	20%	25%	30%	35%
第 1 年	1.05	1.1	1.15	1.2	1.25	1.3	1.35
第 3 年	1.157 6	1.331	1.520 9	1.728	1.953 1	2.197	2.460 4
第 5 年	1.276 3	1.610 5	1.923 9	2.488 3	3.051 8	3.712 9	4.484 0
第 10 年	1.628 9	2.593 7	3.701 4	6.191 7	9.313 2	13.786	20.106 6
第 15 年	2.078 9	4.177 2	7.121 2	15.407	28.421 7	51.186	90.159
第 20 年	2.653 2	6.727 5	13.701	38.338	86.736	190.05	404.27
第 30 年	4.321 9	17.449	26.359	237.38	807.80	2 620	8 128.5

复利的效应可能为人们的“常识”所误解：有人曾做过一个实验，如果用 1 000 元投资，常年的复利报酬率有 34%，那么 40 年后这笔投资会有多少？被实验者所给的答复多是介于 1 万元到 100 万元，最高为一位主修经济学和统计学的人说的 1 000 万元。其实，真正的答案比 1 000 万元还要多，而且多到 100 倍以上，答案是 12 000 多万元，即 1 000 元的投资，如果年复利报酬率有 34%，那么 40 年后有 12 万倍的收益。

若要正确地理解和运用复利概念，则应从复利的“三要素”开始。一直以来，决定投资成功的“三要素”始终如一：投入资金的数额；实现的收益率情况；投资时间的长短。

（1）投入资金的数额。如果今天投入的1 000元要变成若干年后的100万元或更多，那么勤俭节约、善于积累便是投资成功一个最基本的条件。资本的积累带有残酷和抑欲的特征，几百年前资本家的理财方式在今天仍然有效。复利的基本要求之一就是把每一分赢利全部转换为投资本金，而不能用于消费，否则复利的作用就要大打折扣。在市场上，很多人在赢利的时候轻易地把赢利部分消费掉，而在亏损的时候却不得不缩减本金，这是永远也无法积累财富的。

（2）现实的收益率情况。事实上，财富的积累并没有对收益率有苛刻的要求，暴利并不是富裕的必要条件，但对暴利的渴望与贪婪几乎成为市场所有参与者的唯一目标。一切超凡的报酬率都是不可能持续的，这是经济规律，在轻松获得50%的赢利时也有可能莫名其妙地亏损掉50%，较高的赢利水平与相对较高的风险相生相随。稳重、保守、持续、适当的长年报酬率才是真正的成功之道，依靠年复一年的复利，很少的一点钱也能够成为一笔天文数字。

（3）投资时间的长短。

若要投资成功，切记不要急功近利，巴菲特成名前有过数十年的艰苦学习和奋斗，时间是财富积累最佳的催化剂。投资计划一定要是长期的，即使是短期的投资计划也必需置于这个长期投资计划的框架内。投资得越久，报酬额就越惊人。

对复利概念理解和运用得最充分的是保险公司。在一份份对承保人颇具诱惑的长期保单后面，是保险公司利用复利概念大赚其钱的实质。从某种意义而言，个人对复利概念的正确理解和运用，就是为未来购买了一份最成功的保险。

案例2　股神巴菲特是股市“滚雪球”之神

只要炒股有一些时日的股民一听到“滚雪球”，估计就会自然而然地想到股神巴菲特。《滚雪球》（The Snowball）是一本讲述巴菲特财富人生的著作，书名源自股神巴菲特的一句名言“Life is like a snowball. The important thing is finding wet snow and a really long hill.”翻译成中文就是“人生就像滚雪球，最重要的事是发现湿雪和长长的山坡。”巴菲特是全球股市绝对的“滚雪球”之神。

案例 3　巴菲特年化收益率“只是”20%

股神巴菲特之所以在股市能够大获成功，而且取得举世瞩目的成果，其秘籍正是股票的复利效应，但是如果按单利来看，其实巴菲特投资的年化收益也只在 20% 上下。如果单纯看年化收益，很多人不以为然，毕竟两个涨停板就搞定了。

事实上，按单利计算，20% 的年化收益确实不高，但是复利起来的威力就超乎想象了，以 50 年保持 20% 的复利来计算，资产增加了 9 100 倍，令人瞠目结舌。

8.3　股票的风险

案例 4　股市有风险，入市需谨慎

作为投资理财的一种高风险方式，股票投资从 17 世纪初就开始登上历史舞台并在 18、19 世纪得到迅速发展。时至今日，它在世界历史上已存在并发展了 400 多年。

股票市场在 20 世纪初开始进入中国，但直至 1984 年 11 月 18 日，我国第一只股票——飞乐音响才开始正式向社会公开发行，当时发行的股数为 10 000 股（每股票面价值为 50 元），虽然发行的股数不多，却被认为是中国改革开放的一个信号。

高收益，是股票市场吸引投资者的一个重要因素，但是，与高收益一同存在的就是股票市场的高风险。股票交易市场从来不缺乏某支股在短时间收益翻倍的新闻，也不乏某企业因持续亏损而导致破产面临退市的通告。遥想 2015 年，暴风集团在 A 股创业板上市时，以 7.14 元 / 股的发行价，连拉 29 个涨停，并在此后仍然不断震荡上行，最高飚至 327.01 元 / 股，短时间内股价翻了近 46 倍，这是暴风集团最风光的时

刻。彼时，受益于“互联网+”推动的模式创新，乐视网也正在爬坡上涨，由当时股价启动时的30多元/股到创出历史新高179.03元/股，而时至今日，暴风集团的最新股价为1.71元/股，乐视网最新股价为1.69元/股，同时，由于乐视网公司的持续亏损，目前其在A股已经退市。对比前后股价形成的强烈反差，让所有的投资客都唏嘘不已。在股价上升的过程中，买入是机会，在股价下跌的过程中，买入是风险。没有股价持续上升的股票，也不存在股价永不下跌的股票。进入股市的投资客大多听说过这样一句话：投资股票的人，7亏2平1盈利，即在股市中，有70%的投资者处于亏损状态，20%的处于不亏却也不赚的尴尬位置，仅10%的投资者能够从中获益。股市中这些广为流传的数据，也能说明市场的风险程度。

“股市有风险，入市需谨慎”。这是每个投资者在创建个人账户的时候，证券公司的告知。当然随着各种制度的不断完善，投资者在初入股市的时候也都会收到各种提醒和制约条款。我们必须明白，当追求股票市场高收益的同时，它的高风险也一直存在。当你将自己的本金投入股市的时候，不仅会面临获得收益时的欣喜，同样也会可能因损失本金而难过。股市需要的不仅是追求收益的目标，也要有可以承受对等风险的能力。

8.3.1 大小非解禁的风险

股票存在诸多风险，其中包括大小非解禁的风险。大小非解禁是指大规模/小部分限售股票解除禁止，允许上市流通。许多股东限售若干年的股票到期后，就可以自由买卖了。这意味着，股东短期内可能会有许多股票卖出。若市场没有相应的人接手，则必定造成短期内股票供过于求，从而使股价下跌，造成投资者的亏损。

8.3.2　来自上市公司本身的风险

若上市公司涉及违法行为，公司经营情况恶化，公司并购重组失败等消息一旦进入市场，必定在短期内造成上市公司股价下跌，严重的甚至当天跌停。

8.3.3　来自市场的虚假信息风险

市场上，有些人或者机构为了达到某种目的，发布公司的虚假信息，从而造成短期股价的异常，造成投资者的亏损。

8.3.4　公司因为并购重组停牌的风险

上市公司进行并购重组一般是秘密进行的，停牌前不会发布信息，停牌少则几天，多则长达几个月。换句话说，投资者的资金要被冻结几天到几个月。

8.3.5　最常见的风险是亏损

由于股票交易没有保证金或者杠杆交易，所以风险相对外汇、贵金属的交易较小，但投资有风险，投资者在买股票前，一定要下足功夫，选到好的股票。

股票投资过程中，投资者最易犯的错误是被套牢，这一般在股市由"大牛市"步入"大熊市"时出现最多，如 2008 年买入股票的投资者，如何预防被套牢呢？这就需要投资者设置好止损点，如下跌超过 10% 或者 20% 时就无条件卖出。

8.3.6 公司退市的风险

这种情况在国内比较少见，但在国外则经常会有。出现连续三年亏损的公司会被强制退市，所以投资者在选择股票时，不要选择购买那些经营亏损的公司的股票。

还有其他风险，譬如政府政策发生重大变化，影响到公司的经营，如2012年的限制“三公”消费，导致酒类行业受到严重影响；2014年对新能源汽车的购车补贴和电费补助，对新能源车的相关公司具有一定的促进作用等。

案例5 市场热点引起的股价上涨

2020年因为新冠肺炎的爆发，每个人的生活都受到了影响，企业也不例外，其中餐饮业、娱乐业受到的冲击最大，一时间，破产倒闭的相关行业企业不在少数，但是，口罩等防护用品制造企业及相关原材料生产企业却迎来了一个很好的发展机会，随之而来的就是相关股价的迅猛上涨。例如，道恩股份从11.05元上升至62.5元，短短一个月内，股价就翻了近6倍，具体数据如图8.1所示，这是一个典型的由市场热点引起股价上涨的案例。

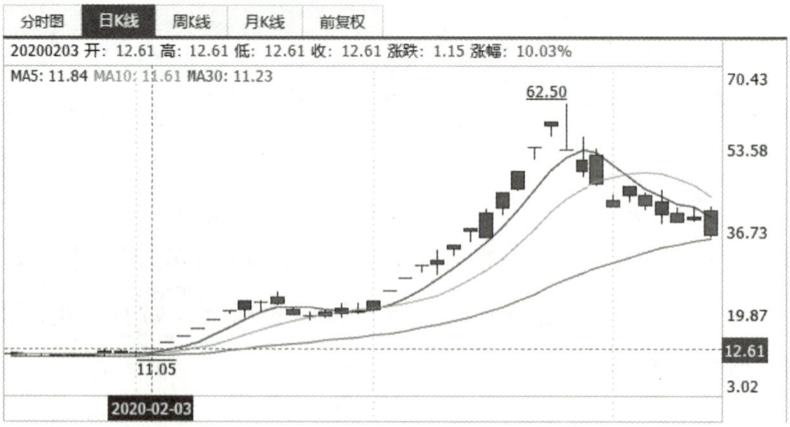

图8.1 道恩股份股价走势

8.4 股票相关专业术语解读

股票投资过程中，投资者经常要研究分析相关财务报表。为读懂报表和分析报表，下面介绍几个盈利方面的财务指标，即市盈率、每股净资产、市净率和换手率。

8.4.1 市盈率

市盈率反映普通股股东愿意为每 1 元净利润支付的价格，代表投资者对公司未来前景的预期，相当于每股收益的资本化。从理论上说，股票价格代表着股票未来收益的现值（内在价值）。在每股收益一定的条件下，市盈率越高，则说明股价较高，意味着投资者对公司未来前景看好，即公司在未来可获得较丰厚的投资报酬（未来股权现金流量）或具有较低的风险（必要收益率）。比如，某只股票有 1 元的业绩，投资者愿意以市价 10 元购买该股票，该股票相应的市盈率就为 10 倍。一般来说，市盈率可以用来衡量投资者承担的投资风险，市盈率越高说明投资者承担的风险相对越高。当然，仅用市盈率来作为投资决策的标准是远远不够的，投资者还应该参考其他因素。此外，不同行业上市公司的市盈率也是不同的，投资者应该加以注意。市盈率的计算方式如下：

$$\text{市盈率} = \text{每股市价} \div \text{每股收益}$$

$$\begin{aligned}\text{每股收益} &= \text{普通股股东净利润} \div \text{流通在外普通股加权平均股数} \\ &= (\text{净利润} - \text{当年宣告或累积的优先股股利}) \div \\ &\quad \text{流通在外普通股加权平均股数}\end{aligned}$$

【计算题】

甲股份有限公司 2009 年度净利润 6 000 万元，发行在外普通股 1 500 万股，没有优先股，每股市价 40 元。请计算甲股份有限公司的每股收益和市盈率。

解析： 每股收益 =6 000 ÷ 1 500=4（元 / 股）

市盈率 =40 ÷ 4=10

8.4.2 每股净资产

每股净资产是指股东权益与股本总额的比率。这一指标反映每股股票所拥有的资产现值。每股净资产越高，股东拥有的资产现值越多；每股净资产越少，股东拥有的资产现值越少。通常，每股净资产越高越好。公司净资产代表公司本身拥有的财产，也是股东们在公司中的权益。因此，又称作股东权益。在会计计算上，相当于资产负债表中的总资产减去全部债务后的余额。公司净资产除以发行总股数，即得到每股净资产。每股净资产的计算过程如下：

每股净资产 = 股东权益总额 ÷ 股本总额

【计算题】

丙股份有限公司股东权益（净资产）为 15 亿元，总股本为 10 亿股。请计算丙股份有限公司的每股净资产。

解析： 丙股份有限公司的每股净资产 =15 ÷ 10=1.5（元）。

每股净资产值反映了每股股票代表的公司净资产价值，是支撑股票市场价格的重要基础。每股净资产值越大，表明公司每股股票代表的财富越雄厚，通常创造利润的能力和抵御外来因素影响的能力越强。

净资产收益率是公司税后利润除以净资产得到的百分比率，用以衡量公司运用自有资本的效率。如一公司税后利润为 2 亿元，净资产为 15 亿元，则净资产收益率为 13.33%。

净资产是指企业的资产总额减去负债以后的净额，也叫股东权益或所有者权益，即企业总资产中，投资者所应享有的份额。每股净资产则是每一股份平均应享有的净资产的份额。

从会计报表上看，上市公司的净资产主要由股本、资本公积金、盈余公积金和未分配利润组成。根据《公司法》的有关规定，股本、资本公积和盈余公积在公司正常经营期内是不能随便变更的，因此每股净资产的调整主要是对未分配利润进行调整的。

每股净资产之所以要调整，是因为受现行会计制度谨慎性的限制，部分会计核算方式与国际惯例尚有一定的距离。根据国际通行会计准则，企业的支出有收益性支出和资本性支出之分，收益性支出的效益仅与本会计年度相关，资本性支出的效益则与几个会计年度相关。对每股净资产指标的调整，实际上是扣除了资产中的一些潜在费用或未来费用，无疑更加适应国际惯例，其结合我国企业的实际情况，为投资者提供了一个有价值的参考指标。

8.4.3　市净率

市净率指的是每股市价与每股净资产的比率。

市净率可用于投资分析。每股净资产是股票的账面价值，是用成本计量的；而每股市价是这些资产的现在价值，是证券市场上交易的结果。市价高于账面价值时企业资产的质量较好，有发展潜力；反之，则资产质量差，没有发展前景。优质股票的市价都超出每股净资产许多，一般说来，市净率达到 3 就可以树立较好的公司形象。市价低于每股净资产的股票，就像售价低于成本的商品一样，属于“处理品”。当然，“处理品”也不是没有购买价值，问题在于该公司今后是否有转机，或者购入后经过资产重组能否提高获利能力。

市净率的计算方式如下：

$$市净率 = 每股市价 \div 每股净资产$$

【计算题】

乙股份有限公司，2009 年末每股净资产为 30 元，每股市价为 45 元。请计算乙股份有限公司市净率。

解析：

$$市净率 =45 \div 30=1.5$$

8.4.4 换手率

换手率是指一定时期内股票转手买卖的频率，是反映股票流通性的重要指标。

（1）股票的换手率越高，意味着该只股票的交投越活跃，人们购买该只股票的意愿越高，属于热门股；反之，股票的换手率越低，则表明该只股票少人关注，属于冷门股。

（2）换手率高一般意味着股票流通性好，进出市场比较容易，不会出现想买买不到、想卖卖不出的现象，具有较强的变现能力，然而，换手率较高的股票，往往也是短线资金追逐的对象，投机性较强，股价起伏较大，风险也相对较大。

（3）将换手率与股价走势相结合，可以对未来的股价做出一定的预测和判断。某只股票的换手率突然上升，成交量放大，可能意味着有投资者在大量买进，股价可能会随之上扬。如果某只股票持续上涨一段时间后，换手率又迅速上升，则可能意味着一些获利者要套现，股价可能会下跌。

（4）相对高位成交量突然放大，主力派发的意愿是很明显的，然而，在高位放出量来也不是容易的事，一般伴随有一些利好出台时，才会放出成交量，主力才能顺利完成派发。

（5）新股上市之初换手率高是很自然的事，市场上一度也曾上演过新股不败的神话，然而，随着市场的变化，新股上市后可能高开低走，显然不能得出换手率高一定能上涨的结论，但是，换手率高也是支持股价上涨的一个重要因素。

（6）底部放量的股票，其换手率高，表明新资金介入的迹象较为明显，未来的上涨空间相对较大。底部换手越是充分，则上行中的抛压越轻。

【思考题】

请问同学们，你们身边有亲戚朋友购买股票吗？在操作股票的时候他们有考虑到股票的风险吗？在不久的将来你会炒股吗？并说出理由？

解析：没有标准答案，同学们根据自身情况回答。

自 学 指 导

股票是一种有价证券，是股份公司在筹集资本时向出资人发行的股份凭证，代表着其持有者（即股东）对股份公司的所有权。购买股票也是购买企业生意的一部分，投资者可与企业共同成长发展。这种所有权为一种综合权利，如参加股东大会、投票表决、参与公司的重大决策、收取股息或分享红利差价等，但也要共同承担公司运作错误所带来的风险。获取经常性收入是投资者购买股票的重要原因之一，分红派息是股票投资者经常性收入的主要来源。

本章学习的目的和要求：一是了解股票的含义及相关术语；二是理解复利的含义、要素及作用；三是理解股票的风险；四是能够计算股票相关指标。

本章学习的重点和难点：复利的概念、要素和作用；市盈率；市净率。

股票投资专题测试

一、单选题（请为每个小题选择一个最佳答案）

1．下列关于 A 股的说法中，不正确的是（　　）。

A．称为人民币普通股票

B．在香港上市

C．在中国内地注册

D．以人民币认购和交易

2．下列关于股票的说法中，不正确的是（　　）。

A．股票不可以转让

B．股票是股份证书的简称

C．股票是一种有价证券

D．我国上市公司有 A 股、B 股、H 股、N 股、S 股五种

3．某股份有限公司，2008 年度净利润 200 万元，发行在外普通股 200 万股，没有优先股，每股市价 20 元。该股份有限公司市盈率是（　　）元。

A．10

B．1

C．20

D．0

4．股价经过一段急剧上涨或下跌后，开始小幅度的波动，进入稳定变动阶段，这种现象称为（　　）。

A．反弹

B．整理

C．空头

D．多头

5．股票投资的目的是（　　）。

A．成为股东

B．获得收益

C．闲置资本置存

D．资本运作的需要

6．某股份有限公司，2008 年度净利润 200 万元，发行在外普通股 500 万股，没有优先股，每股市价 20 元。该股份有限公司每股收益是（　　）元。

A．0.4

B．2.5

C．20

D．10

7. 市盈率表示的是（　　）。

A. 普通股股东愿意为每股收益支付的价格

B. 普通股股东愿意为每一股股票支付的价格

C. 普通股股东愿意为每 1 元净利润支付的价格

D. 普通股股东愿意为每 1 元净资产支付的价格

8. 因选择股票投资而放弃别的投资获利机会，就是股票投资的（　　）。

A. 直接成本

B. 机会成本

C. 投资风险

D. 资本运作

9. 对复利概念理解和运用得最充分的是（　　）。

A. 企业

B. 投资者

C. 学校

D. 保险公司

10. 复利就是“利生利”，就是把股票中股息和红利全部转换为（　　）。

A. 资本收益

B. 投资收益

C. 投资本金

D. 资本利得

二、多选题（请为每个小题选择最佳答案，正确答案至少有两项）

1. 下列关于每股净资产的说法，正确的有（　　）。

A. 每股净资产是指股东权益与股本总额的比率

B. 每股净资产越高，股东拥有的资产现值越多

C. 每股净资产越少，股东拥有的资产现值越少

D. 通常每股净资产越高越好

2. 下列关于市净率的描述，正确的有（　　）。

A．市净率指的是每股股价与每股净资产的比率

B．市净率可用于投资分析

C．市价高于账面价值时企业资产的质量较好，有发展潜力

D．市价低于账面价值时企业资产的质量不好，没有发展潜力

3．我国的股票中，以下不属于境外上市外资股的有（　　）。

A．A 股

B．B 股

C．S 股

D．N 股

4．下列关于市盈率，正确的有（　　）。

A．不同行业的市盈率相同

B．一般来说，市盈率的高低可以用来衡量投资者承担的投资风险，市盈率越高说明投资者承担的风险相对越低。

C．市盈率 = 每股市价 ÷ 每股收益

D．一般来说，市盈率的高低可以用来衡量投资者承担的投资风险，市盈率越高说明投资者承担的风险相对越高

5．下列关于换手率的说法，正确的有（　　）。

A．股票的换手率越高，意味着该只股票的交投越活跃

B．换手率高一般意味着股票流通性好

C．将换手率与股价走势相结合，可以对未来的股价做出一定的预测和判断

D．一般的说，新股上市之初换手率高

6．股票是股份公司资本的组成部分，可以（　　），是资金市场的主要长期信用工具。

A．赠与

B．转让

C．买卖

D．抵押

7．股票投资的风险主要有（　　）。

A．大小非解禁的风险

B．来自上市公司本身的风险

C．来自市场的虚假信息风险

D．公司因为并购重组停牌的风险

8．复利的要素有（　　）。

A．初始本金

B．报酬率

C．时间

D．抵押

9．下列关于股票的作用，描述正确的有（　　）。

A．股票是一种出资证明

B．股票持有者凭借股票来证明自己的股东身份

C．股票持有者凭借股票参加股份发行企业的利润分配

D．股票不能作为出资的凭证

10．复利是把股票中（　　）全部转换为投资本金。

A．股息

B．红利

C．时间

D．资金

三、判断题（判断正误，正确的选项请打√，不正确的选项请打×）

1. A 股的正式名称是人民币普通股票。它是由我国境内的公司发行，供境内机构、组织或个人（不含台、港、澳投资者）以人民币认购和交易的普通股票。（　　）

2．股市有风险，入市需谨慎。（　　）

3．股票投资不要急功近利。（　　）

4．股票投资收益高，风险低。（　　）

5．上市公司披露的信息都是真实可靠的。（　　）

6. B 股称为人民币特种股票，是在中国内地注册、上市的特种股票，

以人民币标明面值，只能以外币认购和交易。（　　）

7．H股称为国企股，是指国有企业在中国香港上市的股票。

（　　）

8．任何情况下，股票价格都代表着股票的内在价值。（　　）

9．N股，是指那些在中国内地注册、在纽约上市的外资股。（　　）

四、简答题（简要回答下列问题）

1．股票的概念及作用分别是什么？

2．复利三要素分别是什么？

3．在股票市场中，投资者承担的风险有哪些？

五、计算题（完成下列各题的计算，需要计算的，请写出计算过程）

1．甲股份有限公司上年净利润为 250 万元，流通在外的普通股的加权平均股数为 100 万股，优先股为 50 万股，优先股股息为每股 1 元。如果上年末普通股的每股市价为 30 元。请问甲股份有限公司的市盈率是多少？

2．丁股份有限公司，2009 年末每股净资产为 40 元，每股市价为 80 元。请问丁股份有限公司市净率是多少？

考 核 大 纲

专 题 1

一、考核知识点

（一）投资与理财的基本概念

（二）投资与理财的种类

（三）投资与理财的目的与作用

（四）投资与理财的主要工具

（五）投资与理财的基本规划

二、考核要求

（一）投资与理财的概念

1．识记：投资、理财的概念

2．领会：投资与理财的关系与区别

3．应用：形成正确理财观念

（二）投资与理财的种类、目的与作用

1．识记：投资与理财种类的名称，具体目的与作用

2．领会：投资与理财种类划分的原则

3．应用：养成良好的理财习惯

（三）投资与理财的主要工具

1．识记：投资与理财的主要工具

2．领会：各工具的特点

3．应用：投资与理财工具风险比较

（四）投资与理财的基本规划

1．识记：理财规划的内容

2. 领会：人生各个时期的理财规划内容

3. 应用：学生时期理财规划模型的初建

专　题　2

一、考核知识点

（一）会计成本

（二）机会成本

（三）沉没成本

（四）边际成本

（五）杠杆

二、考核要求

（一）会计成本

1. 识记：（1）会计成本的概念；（2）管理费用的概念；（3）销售费用的概念；（4）财务费用的概念

2. 领会：（1）会计成本的内容；（2）会计成本的特点

3. 应用：（1）能够简单计算会计成本；（2）能够简单计算财务费用

（二）机会成本

1. 识记：机会成本的概念

2. 领会：（1）机会成本的特点；（2）机会成本与会计成本的区别；（3）机会成本的产生；（4）机会成本的存在条件

3. 应用：（1）能够简单计算机会成本

（三）沉没成本

1. 识记：沉没成本的概念

2. 领会：（1）沉没成本的特点；（2）沉没成本与投资心态

（四）边际成本

1. 识记：边际成本的概念

2．领会：规模经济与边际成本的关系

3．应用：筹资边际成本的计算

（五）杠杆

1．识记：杠杆的概念

2．领会：投资中杠杆的应用

专　题　3

一、考核知识点

（一）货币时间价值

（二）单利

（三）复利

（四）复利终值

（五）复利现值

二、考核要求

（一）货币时间价值

1．识记：（1）货币时间价值的概念；（2）货币时间价值的表现形式

2．领会：货币时间价值产生的根源

（二）单利

1．识记：单利的概念

2．领会：单利的特点

3．应用：能够简单计算单利计息方式下的本利和

（三）复利

1．识记：复利的概念

2．领会：复利的特点

3．应用：能够简单计算复利计息方式下的本利和

（四）复利终值

1．识记：复利终值的概念

2．领会：复利终值系数的查找

3．应用：能够通过查找复利终值系数，快速计算复利计息方式下的本利和

（五）复利现值

1．识记：（1）复利现值的概念

2．领会：（1）复利现值系数的查找

3．应用：能够通过查找现值系数，快速计算既定终值对应的现值/本金

专　题　4

一、考核知识点

（一）收益

（二）风险

（三）收益与风险的关系

（四）风险的类型

二、考核要求

（一）收益

1．识记：收益的概念

2．领会：收益及收益率，并培养学生举一反三的能力

3．应用：能够进行简单计算

（二）风险

1．识记：风险的概念

2．领会：风险的分类，并培养学生举一反三的能力

3．应用：能够进行计算

（三）收益与风险的关系

1. 识记：收益与风险的辩证关系

2. 领会：关于收益与风险的各种关系

3. 应用：能够客观地认识收益与风险的关系

（四）风险的类型

1. 识记：风险的类型

2. 领会：不同风险的特点

3. 应用：识别不同风险，并规避这些风险，从而实现收益最大化

专　题　5

一、考核知识点

（一）储蓄的含义

（二）储蓄的类型

（三）储蓄的原因

（四）增加储蓄的方式

二、考核要求

（一）储蓄的含义

1. 识记：广义和狭义的储蓄定义

2. 领会：日常生活中所讲的储蓄

3. 应用：在经营储蓄业务的营业机构进行储蓄

（二）储蓄的类型

1. 识记：各类储蓄

2. 领会：不同类型储蓄之间的区别与联系

3. 应用：计算各种不同类型储蓄的计息

（三）储蓄的原因

1. 识记：储蓄的理由

2. 领会：为何储蓄等于投资

3. 应用：积极存钱

（四）增加储蓄的方式

1. 识记：树立正确的金钱观

2. 领会：如何认识新形势下的“高储蓄”现象

3. 应用：区分居民储蓄的几个误区

专 题 6

一、考核知识点

（一）债券的含义

（二）债券的类型

（三）债券的运行方式

（四）企业债的收益

二、考核要求

（一）债券的含义

1. 识记：债券的定义

2. 领会：债券的债权方和债务方

3. 应用：区别不同债券类型的不同债务方

（二）债券的类型

1. 识记：各类债券

2. 领会：不同类型债券之间的区别与联系

3. 应用：了解各种不同类型债券的投资回报

（三）债券的发行方式

1. 识记：债券的发行方式

2. 领会：不同债券发行方式的不同

3. 应用：特殊发行方式的适用债券

（四）企业债券的收益

1. 识记：企业债券的收益方式

2. 领会：企业债券的交易特点

3. 应用：企业债券的计息

专　题　7

一、考核知识点

（一）保险的定义

（二）保险的职能和作用

（三）对四大险种（意外险、医疗险、重疾险和寿险）的学习领会，能初步建立家庭保障框架

（四）了解保险的基本种类

二、考核要求

（一）保险的含义及其职能

1. 识记：保险的含义

2. 领会：保险的职能及作用

3. 应用：形成正确的保险观念

（二）四大险种学习

1. 识记：四大险种的名称

2. 领会：四大险种的基本功能

3. 应用：保险在家庭理财中的作用及如何给家庭成员配置保险方案

（三）了解保险的基本种类

1. 识记：各类保险的名称

2. 领会：各类保险保障的内容

3. 应用：区分各类保险的保障功能

专 题 8

一、考核知识点

（一）股票的概念

（二）复利的概念、要素和作用

（三）市盈率

（四）每股净资产

（五）市净率

（六）换手率

二、考核要求

（一）股票的概念

1. 识记：股票的概念

2. 领会：股票的起源及发展历史

3. 应用：在相关软件上，了解股票的相关信息

（二）复利的概念、要素、作用

1. 识记：复利的概念、要素、作用

2. 领会：复利的小故事

3. 应用：在理财的时候，知道复利的作用

（三）市盈率

1. 识记：市盈率的概念

2. 领会：领会市盈率与风险的关系

3. 应用：投资之时，市盈率是规避股票风险的方式之一

（四）每股净资产

1. 识记：每股净资产的计算公式

2. 领会：每股净资产是支撑股票市场价格的重要基础

3. 应用：知道每股净资产的计算

（五）市净率

1. 识记：市净率的概念

2. 领会：市净率对股票的影响

3. 应用：市净率在一定程度上反映股票的优劣

（六）换手率

1. 识记：换手率的概念

2. 领会：换手率与股票的活跃度息息相关

3. 应用：将换手率与股价走势相结合，可以对未来的股价做出一定的预测和判断

模拟试卷

一、单选题（请为每个小题选择一个最佳答案，每题1分，共20分）

1. 投资与理财按照（　　）的不同，分为个人或者家庭理财、机构投资者理财、公司理财以国家理财。

A. 理财工具

B. 手段

C. 主体

D. 形式

2. 按照理财（　　）的不同，可以分为金融（含金融衍生物）理财和非金融理财。

A. 主体

B. 工具或手段

C. 形式

D. 内容

3. 下列关于会计成本的说法，不正确的是（　　）。

A. 会计成本是指企业在经营过程中所实际发生的一切成本

B. 会计成本包括的内容很多，比如说工资、利息、土地和房屋的租金、原材料费用、折旧等

C. 会计成本是生产成本

D. 会计成本是会计记录在公司账册上的客观的和有形的支出

4. 下列几种说法中，不正确的是（　　）。

A. 会计成本是显性成本

B. 会计成本可以用货币计量

C．会计成本不可以用货币计量

D．隐性成本可以直接从账面上反映出来

5．下列关于货币时间价值的说法中，不正确的是（　　）。

A．货币时间价值是指一定量货币在不同时点上的价值量差额

B．货币的时间价值来源于货币进入社会再生产过程后的价值增值

C．通常情况下，它是指没有风险也没有通货膨胀情况下的社会平均利润率

D．货币是指没有通货膨胀情况下的社会最高利润率

6．张某存入银行本金 100 元，年利率 2%，期限 3 年，在单利计息方式下，3 年后本利和为（　　）元。

A．100

B．106

C．106.12

D．102

7．收益是指投资者在一定的时期内投资于某项资产所得到的（　　）。

A．盈利

B．收益

C．差价

D．报酬（或损失）

8．以下不是个人储蓄存款业务的业务类型的是（　　）。

A．个人通知存款业务

B．整存零取业务

C．单位协定存款业务

D．教育储蓄存款业务

9. 教育储蓄提前支取时，（　　）全额支取。

A．必须

B．不可以

C．不确定

D．可以

10. 储蓄机构开具的存折或者存单是作为个人的（　　）

A．存款凭证

B．付款收据

C．存款纪念

D．付款凭证

二、填空题（请将正确答案写在____上，每空2分，共4分）

1．我国对居民储蓄采取鼓励和保护政策，实行________、________、________、________原则。

2．教育储蓄存款起存金额为_____元。

三、多选题（请为每个小题选择最佳答案，正确答案至少两项，每题2分，共20分）

1．投资的基本要求包括（　　）。

A．投资主体

B．投资收益

C．投资风险

D．投资来源

2．个人理财规划的原则有（　　）。

A．提早规划

B．现金保障

C．消费投资与收入相匹配

D．风险管理优于追求收益

3．下列关于机会成本的描述，正确的有（　　）。

A．“机会成本”的机会是可选择的项目

B．机会成本是放弃的最高收益

C．机会成本源于资源的稀缺

D．机会成本是放弃项目的收益总和

4．下列关于机会成本与会计成本的区别，正确的有（　　）。

A．机会成本与会计成本是两个不同的概念

B．会计成本计量有五种计量方式，即历史成本、重置成本、可变现净值、现值以及公允价值

C．机会成本可能等于会计成本，也可能不等于会计成本

D．在完全竞争的条件下，机会成本等于会计成本

5．下列说法，正确的有（　　）。

A．复利现值是指未来某期的一定量的货币，按复利计算的现在价值

B．复利现值系数，记作（P/F，i，n）

C．复利现值的计算公式为 $P=F\times$（P/F，i，n）

D．复利终值 $F=P(1+i)^n$ 和复利现值 $P=F/(1+i)^n$ 互为逆运算

6．下列关于复利终值和现值的说法，正确的有（　　）。

A．终值又称将来值，是现在一定量的货币折算到未来某一时点所对应的金额

B．现值是指未来某一时点上一定量的货币折算到现在所对应的金额

C．现值和终值其差额即为货币的时间价值

D．现实生活中计算利息时所称本金、本利和的概念相当于货币时间价值理论中的现值和终值

7．投资的收益主要包括（　　）。

A．经营盈利

B．资本利得

C．工资

D．债务

8. 零存整取定期储蓄的特点不包括（　　）。

A. 按约定定期，以开户日为准，每年存入一次

B. 以对年对月对日为到期日

C. 到期一次支取本金

D. 续存的日期可在当月的任何一天，如当月漏存，应在次月补存

四、判断题（判断正误，正确的选项请打√，不正确的选项请打×，每题 1 分，共 10 分）

1．孔子就说过："君子爱财，取之有道。"这里的"有道"就是要通

过正当合法的途径进行投资理财。（　　）

2. 钱财在事实上是制约生活质量的重要因素，也是唯一因素。（　　）

3. 沉没成本，是指以往发生的，但与当前决策无关的费用。（　　）

4. 重置成本是会计成本的计量方式之一。（　　）

5. 财务估值中一般都按照单利方式计算货币的时间价值。（　　）

6. 利息是货币时间价值具体的表现。（　　）

7. 利率是指投资者在一定的时期内投资于某项资产所得到的报酬（或损失）。（　　）

8. 资本利得是指生产经营的利润（或损失），对于证券投资来说是分得的红利或得到的利息。（　　）

9. 教育储蓄存款是指义务教育积蓄资金，实行利率优惠、利息免税的一种零存整取定期储蓄存款业务。（　　）

10. 为储户保密原则是指不受任何人、任何单位合组织机构的查询和扣划。（　　）

五、简答题（简要回答下列问题，每题 10 分，共 20 分）

1. 简述投资的基本要素。

2. 什么是机会成本？机会成本有哪些特点？

六、计算题（完成以下计算，写出过程，每题 10 分，共 30 分）

1. 某企业有一笔闲置资金，如果用来购买设备，当年可盈利 100 000 元；如果存入银行，可以得到利息 60 000 元。企业购买设备的机会成本是多少？将钱存入银行的机会成本是多少？企业主是否应将这笔钱用来购买设备？

2. 李某于 2019 年 1 月 1 日存入银行 10 000 元，期限 3 年，利率为 8%，单利计息。请计算李某 2021 年 12 月 31 日可以获得的本利和。

3. 某企业有甲、乙两个投资项目，计划投资额均为 100 万元，其收益的概率分布见表 1 所示。

表 1　甲、乙项目的收益概率分布

市场状况	概率	甲投资项目净现值 / 万元	乙投资项目净现值 / 万元
好	0.4	20	30
一般	0.5	10	10
差	0.1	15	2

要求：（1）分别计算甲、乙两个投资项目的期望收益；

（2）评价甲、乙两个投资项目的优劣。

专题测试答案

投资与理财概述专题测试答案

一、单选题

1. 参考答案：C
2. 参考答案：B
3. 参考答案：A
4. 参考答案：B
5. 参考答案：A
6. 参考答案：A
7. 参考答案：B
8. 参考答案：D
9. 参考答案：A
10. 参考答案：A

二、多选题

1. 参考答案：ABCD
2. 参考答案：ABCD
3. 参考答案：ABD
4. 参考答案：ABCD
5. 参考答案：ABCD
6. 参考答案：ABCD
7. 参考答案：AB
8. 参考答案：ABCD

9．参考答案：ABCD

10．参考答案：ABCD

三、判断题

1．参考答案：√

2．参考答案：×

3．参考答案：√

4．参考答案：√

5．参考答案：√

6．参考答案：×

7．参考答案：×

8．参考答案：√

9．参考答案：×

10．参考答案：×

四、简答题

1．参考答案：

投资主体、投资收益、投资风险、投资来源、资本形态。

2．参考答案：

一个中心，三个基本点。即以管钱为中心，攒钱为起点，生钱为重点，护钱为保障。

（1）攒钱：一个月强制拿出10%的钱存在银行里，给自己做个强制储蓄，可积少成多。

（2）生钱：基金、股票、债券、不动产。

（3）护钱：天有不测风云，谁也不知道会出什么事，所以要买保险。保险是理财的重要手段，但不是全部。

3．参考答案：

理财的核心是合理地分配、运作资产并使资产增值。

4．参考答案：

保险、储蓄、基金、股票、债券、彩票、期货、外汇等。

投资成本专题测试答案

一、单选题

1. 参考答案：C
2. 参考答案：A
3. 参考答案：A
4. 参考答案：C
5. 参考答案：A
6. 参考答案：A
7. 参考答案：D
8. 参考答案：D
9. 参考答案：A
10. 参考答案：C

二、多选题

1. 参考答案：ABC
2. 参考答案：ABCD
3. 参考答案：ABC
4. 参考答案：AB
5. 参考答案：ABD
6. 参考答案：ABC
7. 参考答案：BCD
8. 参考答案：ACD
9. 参考答案：ABCD
10. 参考答案：ABC

三、判断题

1. 参考答案：√
2. 参考答案：×

3．参考答案：√

4．参考答案：√

5．参考答案：√

6．参考答案：×

7．参考答案：√

8．参考答案：√

9．参考答案：×

10．参考答案：×

四、简答题

1．参考答案：

（1）会计成本是指企业在经营过程中所实际发生的一切成本，是会计记录在公司账册上的客观的和有形的支出。

（2）会计成本包括工资、利息、土地和房屋的租金、原材料费用、折旧等内容。

2．参考答案：

（1）机会成本（Opportunity Cost）是指企业为从事某项经营活动而放弃另一项经营活动的机会，或利用一定资源获得某种收入时所放弃的另一种收入。简单来说，机会成本就是为了得到某种东西而必须放弃其他东西的最大价值。

（2）① 机会是可选择的项目。② 机会成本是放弃的最高收益。③ 机会成本源于资源的稀缺。

3．参考答案：

（1）沉没成本，是指以往发生的，但与当前决策无关的费用。

（2）从决策的角度看，以往发生的费用只是造成当前状态的某个因素，当前决策所要考虑的是未来可能发生的费用及所带来的收益，而不考虑以往发生的费用。

4．参考答案：

（1）在经济学和金融学中，边际成本指的是每一单位新增生产的产品（或者购买的产品）带来的总成本的增量。

（2）规模经济条件下，生产的产品数量越多，边际成本越低。

5. 参考答案：

（1）如果借钱的数量是那根棍子，利率就是支点。两件套加一起就会变成威力巨大的杠杆工具。

（2）杠杆广泛的存在于各行各业，尤其以金融行业更甚。我们在不知不觉间就成为杠杆的使用者，只是倍数不同而已，如贷款买房、买车等。

五、计算题

1. 参考答案：

（1）企业购买设备的机会成本 60 000 元；

（2）企业将钱存入银行的机会成本是 100 000 元；

（3）考虑机会成本的情况下，企业应该将钱用来购买设备。

2. 参考答案：

该企业 2018 年第一季度的会计成本 =100 000+6 000+8 000+4 000=118 000（元）

3. 参考答案：

该企业 2019 年第一季度的财务费用 =200 000×4%/4=2 000（元）

货币时间价值专题测试答案

一、单选题

1. 参考答案：D
2. 参考答案：B
3. 参考答案：D
4. 参考答案：C
5. 参考答案：A
6. 参考答案：D
7. 参考答案：A

8. 参考答案：B

9. 参考答案：B

10. 参考答案：A

二、多选题

1. 参考答案：ABC

2. 参考答案：ABC

3. 参考答案：ABCD

4. 参考答案：ABCD

5. 参考答案：ABC

6. 参考答案：ABCD

7. 参考答案：BCD

8. 参考答案：ABD

9. 参考答案：ABCD

10. 参考答案：ABCD

三、判断题

1. 参考答案：√

2. 参考答案：×

3. 参考答案：√

4. 参考答案：×

5. 参考答案：√

6. 参考答案：×

7. 参考答案：√

8. 参考答案：×

9. 参考答案：√

10. 参考答案：×

四、简答题

1. 参考答案：

（1）货币时间价值，是指一定量货币在不同时点上的价值量差额。货币的时间价值源于货币进入社会再生产过程后的价值增值。通常情况下，它是指没有风险也没有通货膨胀情况下的社会平均利润率，是利润平均化规律发生作用的结果。

（2）利息是货币时间价值具体的表现，具体来说，当前的利率水平代表当前时间点货币时间价值的价格。

2. 参考答案：

单利是指按照固定的本金计算利息的一种计息方式。单利是指一笔资金无论存期多长，只有本金计取利息，而以前各期利息在下一个利息周期内不计算利息的计息方法。

3. 参考答案：

复利是指一笔资金除本金产生利息外，在下一个计息周期内，以前各计息周期内产生的利息也计算利息的计息方法。

4. 参考答案：

（1）复利终值指一定量的货币，按复利计算的若干期后的本利总和。

（2）复利现值是指未来某期的一定量的货币，按复利计算的现在价值。

（3）复利终值 $F=P(1+i)^n$ 和复利现值 $P=F/(1+i)^n$ 互为逆运算。

五、计算题

1. 参考答案：

李某 2021 年 12 月 31 日可以获得的本利和 =10 000 × 8% × 3+10 000=12 400（元）

2. 参考答案：

李某 2021 年 12 月 31 日可以获得的本利和 =10 000 ×（1+8%）^{3}=12 597.12（元）

3. 参考答案：

$F=P\times(F/P, 2\%, 10)$=30 000 × 1.219=36 570（元）

4. 参考答案：

$P=F\times(P/F, 2\%, 10)$=50 000 × 0.820 3=41 015（元）

收益与风险专题测试答案

一、单选题

1. 参考答案：D
2. 参考答案：C
3. 参考答案：B
4. 参考答案：D
5. 参考答案：A
6. 参考答案：C
7. 参考答案：D
8. 参考答案：B
9. 参考答案：A
10. 参考答案：D

二、填空题

1. 不确定性；差异和变动
2. 风险；变动；差异
3. 损失；收益
4. 收益；风险
5. 较高；较小
6. 资金时间价值（纯利率）；通货膨胀补偿率

三、多选题

1. 参考答案：AB
2. 参考答案：ABCD
3. 参考答案：AC
4. 参考答案：ABCD

四、判断题

1. 参考答案：×

2. 参考答案：×

3. 参考答案：×

4. 参考答案：√

5. 参考答案：√

6. 参考答案：×

7. 参考答案：√

8. 参考答案：×

9. 参考答案：×

10. 参考答案：√

五、简答题

1. 参考答案：

（1）收益是指投资者在一定的时期内投资于某项资产所得到的报酬（或损失）。

（2）风险是未来事件的不确定性。广义上说，风险是指在一定条件下、一定时期内可能产生结果的变动，或实际结果与预期结果的差异。

2. 参考答案：

投资的收益由许多因素决定，而这些因素都在不断地变化着，因此投资有风险。投资者承受各种各样的风险，例如：利率风险、财务风险、购买力风险和政策风险等。

3. 参考答案：

在证券投资中，收益和风险形影相随，收益以风险为代价，风险用收益来补偿。投资者投资是为了得到收益，但又不可避免地面临风险。证券投资的理论和实战技巧都围绕如何处理两者的关系而展开。

4. 参考答案：

（1）同一种类型的债券，长期债券利率比短期债券高。这是对利率风险的补偿。

（2）不同债券的利率不同，这是对信用风险的补偿。通常，在期限相同的情况下，政府债券的利率最低，地方政府债券利率稍高，其他依次是金融债券和企业债券。

（3）在通货膨胀严重的情况下，债券的票面利率会提高或者会发行浮动利率债券。这种情况是对购买力风险的补偿。

（4）股票的收益率一般高于债券。这是因为股票面临的经营风险、财务风险和经济周期波动风险比债券大得多，必须给投资者相应的补偿。

六、计算题

1．参考答案：

（1）甲项目期望值：$20\times0.2+10\times0.6+5\times0.2=11$（万元）

乙项目期望值：$30\times0.2+10\times0.6+5\times0.2=13$（万元）

（2）乙优于甲。

个人储蓄专题测试答案

一、单选题

1．参考答案：C

2．参考答案：B

3．参考答案：A

4．参考答案：B

5．参考答案：D

6．参考答案：B

7．参考答案：A

8．参考答案：A

9．参考答案：D

10．参考答案：A

二、填空题

1．存款自愿；取款自由主义 存款有息；为储户保密

2．50 元

三、多选题

1．参考答案：ABCD

2. 参考答案：ABC

3. 参考答案：AC

4. 参考答案：ABCD

5. 参考答案：ABD

6. 参考答案：BC

7. 参考答案：ABC

8. 参考答案：CD

9. 参考答案：ABC

10. 参考答案：ABC

四、判断题

1. 参考答案：√

2. 参考答案：×

3. 参考答案：×

4. 参考答案：√

5. 参考答案：×

6. 参考答案：×

7. 参考答案：×

8. 参考答案：×

9. 参考答案：×

10. 参考答案：×

五、简答题

1. 参考答案：

储蓄有广义和狭义之分。广义的储蓄包括存款储蓄、购买债券、商业保险和手持现金等。日常生活中所讲的储蓄一般指狭义的储蓄，即存款储蓄。

2. 参考答案：

公民个人的存款储蓄，作为一种投资行为，在国家经济活动和人民生活中起着重大作用，利国利民。

（1）为国家积累资金，支援现代化建设。银行通过吸收存款，可以“变小钱为大钱，变死钱为活钱”，有利于国家现代化建设。

（2）调节市场货币流通。一方面，国家通过开展储蓄业务，可以把市场上多余的一部分纸币采用信用回笼的方式吸收过来，有效地减少需求压力，使货币购买力和商品供应量平衡，保持物价稳定。另一方面，银行吸收公民的个人储蓄存款，转化为生产投资，为市场提供更多的消费品，从而增加货币回笼，保持正常的货币流通和物价稳定。

（3）有利于培养科学合理的生活习惯、形成文明健康的生活方式。公民的储蓄不仅是一种投资行为，而且是计划消费行为。通过储蓄有计划地安排生活，有利于培养勤俭节约的社会风尚，是科学文明的消费习惯和文明健康的生活方式的体现。

六、计算题

1. 参考答案：836 元

计算过程：计息基数为：2 年，则 800×（1+2.25%×2）=836（元）

2. 参考答案：60 元

计算过程：计息基数为 3 年，则 500×0.04×3=60（元）

3. 参考答案：33.000 38 元

计算过程：2004 年 11 月 29 日到 2005 年 11 月 29 日算定期存款，2005 年 11 月 30 日起自动转为活期存款，2006 年 6 月 3 日支取时按当日挂牌公告的活期利率计算利息。

整存整取 1 年本息共计：6 433×（1+2.25%）=6 577.742 5（元）

活期计息基数：1+31+31+28+30+31+2= 154（天）

活期利息 =6 577.742 5×0.72%×154/360=20.259 4（元）

定期利息 =6 433×2.25%×1=144.742 5（元）

应付利息税 =（144.742 5+20.259 4）=33.000 38（元）

4. 参考答案：83 855.63 元

计算过程：10 000×1.04=10 400（元）

10 400×1.04+10 000=20 816（元）

20 816×1.04+10 000=31 648.64（元）

31 648.64×1.04+10 000=42 914.59（元）

42 914.59×1.04+10 000=54 631.17（元）

54 631.17 × 1.04+10 000=66 816.42（元）

66 816.42 × 1.04+10 000=79 489.08（元）

79 489.08 × 1.04+10 000=92 668.64（元）

92 668.64 × 1.04+10 000=106 375.39（元）（第 10 年年末）

106 375.39 × 1.04−30 000=110 630.41−30 000=80 630.41（元）（第 11 年年末）

80 630.41 × 1.04=83 855.63（元）（第 12 年度末）

债券投资专题测试答案

一、单选题（请为每个小题选择一个最佳答案）

1. 参考答案：D
2. 参考答案：D
3. 参考答案：B
4. 参考答案：B
5. 参考答案：A
6. 参考答案：A
7. 参考答案：B
8. 参考答案：B
9. 参考答案：D
10. 参考答案：B

二、填空题

1. 平价发行；折价发行；溢价发行
2. 可流通国债；不可流通国债

三、多选题

1. 参考答案：ACD
2. 参考答案：ABCD
3. 参考答案：AC

4. 参考答案：CD

5. 参考答案：ABCD

6. 参考答案：ABC

7. 参考答案：ABC

8. 参考答案：ABCD

9. 参考答案：BCD

10. 参考答案：ABC

四、判断题

1. 参考答案：√

2. 参考答案：×

3. 参考答案：×

4. 参考答案：×

5. 参考答案：√

6. 参考答案：√

7. 参考答案：√

8. 参考答案：×

9. 参考答案：×

10. 参考答案：√

五、简答题

1. 参考答案：

债券是政府、企业、银行等债务人为筹集资金，按照法定程序发行并向债权人承诺于指定日期还本付息的有价证券。

债券的本质是债的证明书，具有法律效力。债券购买者或投资者与发行者之间是一种债权债务关系，债券发行人即债务人，投资者（债券购买者）即债权人。

2. 参考答案：

债券面值是指债券的票面价值，是发行人对债券持有人在债券到期后应偿还的本金数额，也是企业向债券持有人按期支付利息的计算依据。债券的面值与债券实际的发行价格并不一定是一致的，发行价格大于面值称为溢价发行，小于面值称为折价发行，等价发行称为平价发行。

3．参考答案：

债券的付息期是指企业发行债券后的利息支付的时间。它可以是到期一次支付，或一年、半年或者三个月支付一次。到期一次付息的债券，其利息通常是按单利计算的；而年内分期付息的债券，其利息是按复利计算的。

4．参考答案：

企业债券是按照《企业债券管理条例》规定发行与交易、由国家发展和改革委员会监督管理的债券。在实际中，其发债主体为中央政府部门所属机构、国有独资企业或国有控股企业，因此，它在很大程度上体现了政府信用。

公司债券管理机构为中国证券监督管理委员会，发债主体为按照《中华人民共和国公司法》设立的公司法人。在实践中，其发行主体为上市公司，其信用保障是发债公司的资产质量、经营状况、盈利水平和持续盈利能力等。

六、计算题（完成下列各题的计算，需要计算的，请写出计算过程）

1．参考答案：

计算日	2009-06-17
计息起始日	2008-08-21
计息截止日	2013-08-20
下一付息日	2009-08-20
票面利率	1.5
付息频率	1
计息方式	按实际天数方式付息，且按 365 天计算
每百元含息	1.5% × 100/365 × 301=1.236 986 301 370
利息总额	1.236 986 301 370 × 60 500=74 837.67
利息科目余额	74 589.04
当日的应收利息	74 837.67− 74 589.04= 248.63

2．参考答案：

（1）成本：$124\times1\,000\times10=1\,240\,000$（元）

（2）利息：$2\times1\,000\times10=20\,000$（元）

保险专题测试答案

一、单选题

1．参考答案：D

2．参考答案：C

3．参考答案：B

4．参考答案：A

5．参考答案：C

6．参考答案：D

7．参考答案：C

8．参考答案：D

9．参考答案：B

10．参考答案：A

二、多选题

1．参考答案：ABD

2．参考答案：ABCD

3．参考答案：ACD

4．参考答案：BC

5．参考答案：BC

6．参考答案：AC

7．参考答案：ABC

8．参考答案：ABC

9．参考答案：ABCD

10．参考答案：ABD

三、判断题

1. 参考答案：√
2. 参考答案：×
3. 参考答案：×
4. 参考答案：√
5. 参考答案：√
6. 参考答案：√
7. 参考答案：√
8. 参考答案：×
9. 参考答案：√
10. 参考答案：√

四、简答题

1. 参考答案：

保险的职能分为保险的基本职能和派生职能。在保险的基本职能中又包含分摊损失和补偿损失的职能。在派生职能中包含风险管理和投资的职能。

2. 参考答案：

保险，是指投保人根据合同约定，向保险人支付保险费，保险人对于合同约定的可能发生的事故因其发生所造成的财产损失承担赔偿保险金责任，或者当被保险人死亡、伤残、疾病或者达到合同约定的年龄、期限等条件时承担给付保险金责任的商业保险行为。

股票专题测试答案

一、单选题

1. 参考答案：B
2. 参考答案：A
3. 参考答案：C

4. 参考答案：B

5. 参考答案：B

6. 参考答案：A

7. 参考答案：C

8. 参考答案：B

9. 参考答案：D

10. 参考答案：C

二、多选题

1. 参考答案：ABCD

2. 参考答案：ABCD

3. 参考答案：AB

4. 参考答案：CD

5. 参考答案：ABCD

6. 参考答案：BCD

7. 参考答案：ABCD

8. 参考答案：ABC

9. 参考答案：ABC

10. 参考答案：AB

三、判断题

1. 参考答案：√

2. 参考答案：√

3. 参考答案：√

4. 参考答案：×

5. 参考答案：×

6. 参考答案：√

7. 参考答案：√

8. 参考答案：×

9. 参考答案：√

四、简答题

1．参考答案：

（1）股票是股份证书的简称，是股份公司为筹集资金而发行给股东作为持股凭证并借以取得股息和红利的一种有价证券。每股股票都代表股东对企业拥有一个基本单位的所有权。

股票是股份公司资本的组成部分，可以转让、买卖或作价抵押，是资金市场的主要长期信用工具。

（2）参考答案：

股票的作用有三点。

① 股票是一种出资证明，当一个自然人或法人向股份有限公司参股投资时，便可获得股票作为出资的凭证。

② 股票的持有者凭借股票来证明自己的股东身份，参加股份公司的股东大会，对股份公司的经营发表意见。

③ 股票持有者凭借股票参加股份发行企业的利润分配，也就是通常所说的分红，以此获得一定的经济利益。

2．参考答案：

初始本金、报酬率、时间

3．参考答案：

（1）大小非解禁的风险；

（2）来自上市公司本身的风险；

（3）来自市场的虚假信息风险；

（4）公司因为并购重组停牌的风险；

（5）最常见的风险是亏损。

五、计算题

1．参考答案：

普通股每股收益 =（250−50 × 1）/100=2（元），市盈率 =30/2=15。

2．参考答案：

市净率 =80 ÷ 40=2

模拟试卷答案

一、单选题

1. 参考答案：C
2. 参考答案：B
3. 参考答案：C
4. 参考答案：C
5. 参考答案：D
6. 参考答案：B
7. 参考答案：D
8. 参考答案：C
9. 参考答案：D
10. 参考答案：A

二、填空题

1. 参考答案：存款自愿；取款自由；存款有息；为储户保密
2. 参考答案：50元

三、多选题

1. 参考答案：ABCD
2. 参考答案：ABCD
3. 参考答案：ABC
4. 参考答案：ABCD
5. 参考答案：ABCD
6. 参考答案：ABCD
7. 参考答案：AB
8. 参考答案：CD

四、判断题

1. 参考答案：√

2. 参考答案：×

3. 参考答案：√

4. 参考答案：√

5. 参考答案：×

6. 参考答案：√

7. 参考答案：×

8. 参考答案：×

9. 参考答案：×

10. 参考答案：×

五、简答题

1. 参考答案：

投资主体、投资收益、投资风险、投资来源、资本形态。

2. 参考答案：

（1）机会成本（Opportunity Cost）是指企业为从事某项经营活动而放弃另一项经营活动的机会，或利用一定资源获得某种收入时所放弃的另一种收入。简单来说，机会成本就是为了得到某种东西而必须放弃其他东西的最大价值。

（2）① 机会是可选择的项目；② 机会成本是放弃的最高收益；③ 机会成本源于资源的稀缺。

六、计算题

1. 参考答案：

（1）企业购买设备的机会成本是 60 000 元；

（2）企业将钱存入银行的机会成本是 100 000 元；

（3）考虑机会成本的情况下，企业应该将钱用来购买设备。

2. 参考答案：

李某 2021 年 12 月 31 日可以获得的本利和 =10 000×8%×3+10 000=

12 400（元）

3. 参考答案：

（1）甲投资项目期望收益：$20\times0.4+10\times0.5+5\times0.1=13.5$（万元）

乙投资项目期望收益：$30\times0.4+10\times0.5+2\times0.2=17.4$（万元）

（2）乙投资项目优于甲投资项目，因为乙投资项目期望收益高于甲投资项目。

参 考 文 献

[1] 财政部会计资格评价中心 . 初级会计实务 [M]. 北京：经济科学出版社 . 2018.

[2] 财政部会计资格评价中心 . 中级会计实务 [M]. 北京：经济科学出版社 . 2018.

[3] 财政部会计资格评价中心 . 财务管理 [M]. 北京：经济科学出版社 . 2018.

[4] 我是腾腾爸 . 生活中的投资学 [M]. 北京：中国经济出版社 . 2017.

[5] 艾玛 · 沈 . 高财商孩子养成记 [M]. 北京：中国铁道出版社 . 2019.

[6] 吴定富 . 保险基础知识 [M]. 北京：中国财经出版社 . 2005.

[7] 臧蔚 . 超越专业投资 [M]. 北京：中国经济出版社 . 2016.

[8] [美] 罗伯特 · 清崎 . 富爸爸穷爸爸 [M]. 萧明，译 . 成都：四川人民出版社 . 2019.

[9] 王坤 . 股票投资入门与实战技巧 [M]. 北京：团结出版社 . 2014.

[10] [美] 埃德温 · 勒菲弗 . 股票大作手回忆录 [M]. 王坤，译 . 北京：中华工商联合出版社 . 2017.